■日本學叢書 ───────────────

# 日本的社會

### 林明德　著

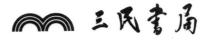

三民書局

國家圖書館出版品預行編目資料

日本的社會／林明德著. --初版. --臺
北市：三民，民86
　　面；　　公分. --（日本學叢書）
ISBN 957-14-2516-8（平裝）

1.社會-日本

540.931　　　　　　　　　85012295

國際網路位址　http://sanmin.com.tw

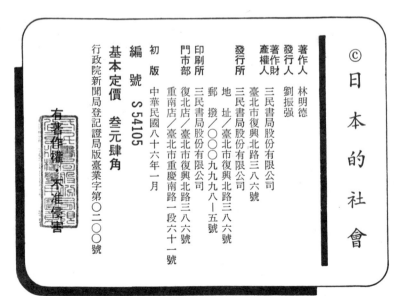

ⓒ 日 本 的 社 會

著作人　林明德
發行人　劉振強
產著作財權人　三民書局股份有限公司
發行所　三民書局股份有限公司
　　　　地址／臺北市復興北路三八六號
　　　　郵撥／〇〇〇九九九八一五號
印刷所　三民書局股份有限公司
門市部　復北店／臺北市復興北路三八六號
　　　　重南店／臺北市重慶南路一段六十一號
初版　中華民國八十六年一月
編　號　S 54105
基本定價　叁元肆角
行政院新聞局登記證局版臺業字第〇二〇〇號

ISBN 957-14-2516-8（平裝）

# 序

    三民書局董事長劉振強先生，數年前於歸國途中經過日本東京，對日本計程車司機的負責、誠懇態度以及商店店員童叟無欺，對顧客之百般挑選，毫無厭煩之情，真正做到顧客至上的待客之道，種種感受，印象深刻。至於日本經濟奇蹟式的發展，亦是有目共睹。對日本的種種，似有必要加以瞭解，深感國人對日本瞭解之不足，於是有日本學叢書之企劃，藉以全面性探究日本。

    1995年日本發生阪神地區大震災，蒙受空前的災難，雖然私人房屋的重建或修復仍在進行中，但鐵路、公路等公共工程，卻在半年內完成，可見其公共工程效率之高。日本人從事經營管理，其規劃之詳盡，精益求精，令人驚嘆，以華航名古屋空難事件善後處理之負責盡職，井然有序，足為印證。

    反觀臺灣，各單位欠缺宏觀之思考與見識，普遍缺乏危機意識，更無政治責任感，事事推諉，法令規章往往形同虛文，因而遇事左支右絀，窘態畢露。單就捷運工程之弊病百出，即可看出端倪。

    兩大超級強國之一的蘇聯已解體，而美國亦因財政與貿易的赤字，陷入困境。日本從廢墟中復興，一躍而為傲視全球的經濟大國。

    日本的經濟發展為世人所讚嘆，西方專家都認定日本是一個第一等經濟強國。品質保證的日本商品充斥於全球，臺灣姑且不論，歐美市場的大半幾被日本產品所獨佔，臺灣亦有喜愛日本貨的傾向，如豐田的汽車，新力、國際牌的電氣製品、武田的藥品等以及機車、衛星廣播、卡拉OK等，日本化相當普遍。全世界每一個角落都有受人歡迎

的日本貨,全世界的人都在談論如何吸取「日本經驗」。

日本的人口有一億二千萬,面積三十八萬平方公里,其中只有19%的可耕地,欠缺重要的自然資源,但戰後數十年,卻不斷的創造經濟奇蹟,達成高度的經濟發展,國民所得超過二萬美元,汽車生產總數超過一千萬臺(1993年),居世界第一,外銷總數四百萬輛,專利總數亦居世界之冠,遠超過美國、英國、德國與法國。以總生產量、就業人數、物價指數、幣制、輸出、工業生產等六個指數作比較,日本輕易的領先其他經濟高峰會議的六先進國。

中國人在長期被侵略的經驗中,累積了一些先入為主的觀念,以為日本是個既野蠻又深具侵略性的國家,剛強之外雖不失柔和,終究是喜歡欺負近鄰的弱小國家。中國人對個別的日本人即使有親切感,但對日本人所形成的團體或國家,通常都不會懷有好感。

臺灣對日本的觀感,每因年齡、教育背景與成長環境而有所不同,產生極大的差異。但不論親日、反日、媚日,或一無所知,都是對日本不瞭解的不正常現象。我們不必過分強調民族主義,以免失去客觀冷靜的論斷,更不須過分的親日或媚日,而失去兩國國民相處應有的自尊。

我們對於日本的看法,或因過去日本的對華侵略,以及政治上的短視(對中共患有恐共症),經濟上的現實,貿易上的小氣,以及觀光客的惡劣印象,以致存在著不容易突破的情結,而不會或不願意對日本作客觀的評價。但為了經濟的更進一步發展,技術的提升,似乎有必要以日本為借鏡,客觀地學習,以收取人之長,補己之短的效果。

世人都很想知道日本人與外國人不同的文化背景,易言之,為甚麼日本人和外國人走的方向不同。值得注目的是,經過一世紀西化的日本人,始終沒有喪失其原有的本性,仍能保持傳統的日本文化,這

的確是日本社會的一大特色。

　　有謂「日本這個國家，既令人恨，又令人愛。」真是既使人可怕，又使人可敬。其可怕在巨大的經濟力，其可敬則是其潛在的國民性。戰後日本奇蹟式的經濟發展相當驚人，而大和民族國民性的突出，其理由應是在整個社會與傳統文化。因此，從社會體制、教育、大眾文化、國民性、價值觀、思想到生活作全面性的探討，始能瞭解其全貌，本書即擬對此加以剖析介紹。

# 日本的社會

## 目　次

# 緒　論

　　最近世界各國對日本越來越關心，日本對全世界似乎有某些方面
的重要意義。日本社會具有集團主義、部族主義、意識性的不關心、
感情的脆弱性等特色，因此必須從各種角度去探索其奧秘。

　　日本人具有驚人的學習能力，活動力強，明治維新後推動「殖產
興業」與「富國強兵」， 全盤西化，大力推動產業革命，促成資本主
義的發達，同時作了帝國主義的擴張，不斷向外侵略擴張的結果，釀
成太平洋戰爭，結果戰敗投降，付出慘痛的代價換取教訓。

　　1945 年 8 月，盟國賠償調查團到日本，目睹處處廢墟的慘狀，在
調查報告裏清楚地寫著：「日本將永遠不會再成為近代化的工業國家
了。」 這個預言證之後來日本復興之快速，以現在的眼光看來，未免
低估了日本的潛力，但就當時實際的情況而言，的確是所有人共同的
結論，甚至連日本人也自認在短期內實難翻身。

　　日本之能夠捲土重來，乃因其旺盛的學習企圖。惟與戰前不同的
是，戰後已認清產業發展才是新的競爭舞臺與經濟發展的方向，而不
再浪費精神去重新學習侵略的伎倆，轉而致力於學習工業技術與金融
資本的運作技巧。

　　做為一個戰敗國，日本勢須在盟軍的指導之下，放棄戰前的大日
本帝國憲法以及原有的教育制度與軍事機構，同時進行官僚體制與意
識形態的改造。戰後這種懲罰性的佔領統治，無異全盤否定、拋棄自

己的一切過去，建立一個新的國家身分與新的認同。在此大變局下，日本人竟能在沒有多大掙扎情況下，坦然接受這種逆境，並以闊達虛心的態度重新出發，從軍國主義的國度，蛻變而為西方式民主國家，的確令人詫異。

日本人的適應力、競爭心理、前瞻性、學習精神與高度組織能力，足以給世人作為借鏡，日本人手不釋卷的讀書風氣，大眾傳播致力提高國民知識水準所做的努力，似亦值得世人效法。美國的學者傅高義 (Ezra A. Vogel) 撰寫《*Japan as Number 1: Lesson for Americans*》，大力呼籲美國人應徹底的學習日本人的長處，而不僅是分析其經濟奇蹟的原因。

其實，臺灣的發展情況和日本雖有幾分相似，卻又不盡相同。臺灣的國防費用比日本高出許多，但在利用國際資金方面卻比日本積極而靈活。臺灣的經濟成長率已迎頭趕上日本，甚至超越了日本。但在民主化政治制度與法規適應經濟情勢變化方面，卻顯得比日本呆滯而缺乏彈性。日本政府通產省所扮演指導、促進發展經濟的角色，臺灣的經濟部或經建會，卻無法充分發揮。日本所實行的是結合高效率、民主政府的新型資本主義，這是值得研討效法的。

日本人的國民性的確與中國人不同。他們相當守時、守法、有責任感。無論是約會或開會，任何場合均是如此，甚至連無線電計程車司機（運匠）亦能守時。火車之準時，全世界無出其右，連公車亦然。參加過日本舉辦的世界性集會（如世界大學運動會、學術研討會等）的人士，無不讚嘆其預備工作之周到，時間安排之分秒無誤，此由日本衛星之節目亦可以看出。

日本人守法、守時，要求秩序與準確的民族性，在社會任何場合均表露無遺。忠直有禮、勤儉、守紀律、重公益的習性，對日本產品

的信賴度更是有增無已。

　　不管對日本的感受是畏懼或讚嘆,都無法抹煞日本民族的特殊性。他們成功地將團體意識內涵最重要的美德——社會紀律,與個人主義中所強調的個人責任感結合起來。他們那種強韌的適應力與學習精神,更是舉世無雙。正因為這個特性,造成了日本今日最大的成就——和美國並列為自由世界中的兩大經濟強國。

　　日本型經濟和日本化現象之所以傲視全球,除了戰後的主客觀情勢配合之外,尚須從其歷史背景與社會風土來探究。

　　在冷戰後,蘇聯已解體,美國亦因財政與貿易赤字,而一蹶不振,正有江河日下之慨,惟有日本在第二次世界大戰之後,從廢墟中重建,欣欣向榮,儼然經濟大國。有謂「21世紀將是日本文明的時代」,雖有誇張之嫌,但「日本化」現象卻逐漸形成一股旋風,引起世人的注目,這都是日本型經濟成功所帶來的成果。

　　日本社會追求物質的真、善、美,崇拜個人的成就,主張「人本主義」。個人的特別才能,被視為重點文化財,受到政府的獎勵(稱之為「人間國寶」, 文部大臣指定「重要無形文化財」者,迄今已超過九十件,先後達二百人以上,主要在演劇、音樂、工藝、技工等方面出類拔萃,鶴立雞群)。 重視技術和市民教養的人本主義,是日本最大的社會資源。蓋其提倡技術主義,技能主義,不墨守成規,不故步自封,因而能在傳統的基礎上,引進新技術,創造出新的東西。

　　日本合理化的社會體制,是建立在萬世一系的「天皇制」上,天皇有權威,將軍有權力。易言之,天皇是權威的象徵,不涉及實際的政治。但明治維新時期的「大政奉還」(幕府所執掌的政府大權,奉還給天皇), 卻讓天皇兩者俱兼。在富國強兵的口號之下,明治天皇成為實際的權力中心,為兩千多年以來天皇首次掌握實權,並在「脫

亞入歐論」的鼓動之下，發動兩次對外戰爭 —— 甲午戰爭與日俄戰爭。

第二次世界大戰後，日本人顯已覺醒，讓天皇恢復到只有精神權威的本來面貌，改由總理大臣掌權。致力重新建立合理的，均質的社會體制，其理想經過六十年代以後的經濟高度成長，直到今日，便以經濟力取代軍事力，逐步實現第二次世界大戰前「大東亞共榮圈」的美夢。

我們到底能從日本學到甚麼? 日本社會如同一個大的公司，彼此之間的環節都能相互呼應，密切配合，不僅員工與公司、大企業與衛星工廠，連企業與政府亦緊密地聯結在一起。每個人都各自扮演其角色，不論是公司的主管或工廠的工人，無不全力奉獻自己的心力，做好分內的工作，產生了對自己負責、與同事合作，對工作奉獻的強烈群體意識。這種強烈的群體意識，正是國人所缺乏，而亟待凝聚共識的。

日本雖躋進經濟大國之林，但日本人卻仍然不忘其為「一個資源貧乏的國家，只有靠不斷地創新與不斷的努力，才能不落後。」 這種貧乏的恐懼與自我警戒心，面對第一次能源危機時，更提高這種警覺，於是變成每一個日本人精益求精的動力。難怪有人發現在現代化的日本工廠中，比在臺北更能感覺到「居安思危」的氣氛。

島國的民族器量比較狹隘，但日本人對全球的商情變化卻瞭如指掌，日本商社與傳播媒體在情報的蒐集與資訊方面，實已充分發揮其作用。日本的企業，尤其以外銷為導向的企業，無不以世界市場的品質、價格需要，做為抉擇的標準，因此，能有宏觀的世界貿易策略，使其在國際競爭中無往而不利。

至於教育方面，亦因家庭、學校、與企業教育的環環相接，互相配合，得以提高了國民的素質。日本的文盲在戰前幾已絕跡，高中生

的水準顯已超過美國。日本人可說是世界上看書最多，最愛吸收智識的民族。

日本的經濟奇蹟主要是由一群平均知識水準高，規律嚴明，勤奮努力的工作者和有遠見的企業家，攜手合力創造的結果。高度的團隊精神與凝聚力，加強了日本的建國力量，但也助長了日本人的排外心理。日本對歐美，尤其對美國的大量入超，使其產品遍佈全世界，但是日本國內的市場卻長期的緊閉，很多方面仍是一個封閉的社會，直到最近始在美國等國的壓力下，逐漸開放，但已產生不少貿易摩擦，以致造成兩國經貿關係的緊張。

二千多年來，日本民族在中國文化圈之中，在對外關係甚少發生激烈的爭執。即使到現在，仍深深地殘留著這種歷史環境的影響。四面臨海的日本民族，一般說來較為內向，不擅於和其他地域的民族交融在一起。日本人常受外界指責的排他性和島國根性，應是這種列島的社會環境所造成的。

主張民族性導致日本經濟奇蹟的人認為，日本文化裏注重群體意識發展的精神，可以從低犯罪率，個人對團體的服從，強烈的忠誠與愛國心理以及經濟上的傑出表現看出來。這種精神造就了日本社會著名的「共識」，即政府、政黨、工商業領導人以及民間都將經濟發展視為國家首要目標，而且對達成這些目標的手段，具有共同的體認。

日本人與韓國人同屬漢字文化圈，對於儒、道（日本是神道）、佛三教都採取併存態度，使用類似語文，吃米的生活習慣亦同，但「為何只有日本一國跑在近代化的前端，為何只有日本是亞洲的特殊國家，在工業方面得與歐美並駕齊驅？」這是歐美人的疑問，同時也是日本人想脫離亞洲（脫亞論）的自負之聲。由此可見，歐美人及日本人本身想闡明日本特性，應該更強調日本人與同為東洋人的韓國人或中國

人的差異，而非強調與歐美人的差異。

　　對臺灣而言，日本式的接納外來文化模式應該是最佳借鏡，因為臺灣同樣是海島，處身太平洋之濱，東西文化的交匯點上。日本接納外來文化，起初主體性較弱，讓外來者長驅直入，等到一段時日後，主體性才逐漸浮現，這是日本現代化的特色之一。中國則不同，中國永遠是中國為主，主體性過強，有礙近代化（江上波夫「日本人的好奇心與活力」座談會的發言，《日本文化的構造》）。至於近代化的問題，擬於第一章詳加討論。

# 社會近代化

## 第一節　自然環境

### 一、日本的風土與人文

#### 1. 地理

　　日本位於亞洲大陸的東緣，由北海道、本州、四國、九州等四個大島以及附近四千餘個小島所構成，因而在地理上亦稱日本群島。從北到南長約三千公里，面積共約三十八萬平方公里。其中本州最大，計二十二萬平方公里，北海道次之，約八萬平方公里，九州次之，約三萬六千平方公里，四國最小，尚不足二萬平方公里。總面積約與中國四川省相當，小於美國的加州、德州、阿拉斯加、蒙塔納州等地，僅為美國與中國的二十五分之一，卻大於義大利，而為英格蘭的一倍半。

　　日本群島位居歐亞大陸和太平洋海盆的接觸線上，當初地殼發生劇烈的變動，一部分露出海面而為群島，一部分陷落為海溝，各島表

面雖呈分離，實際卻一脈相連。山地特多，佔全國國土的三分之二。由於地殼不穩，斷層、火山甚多（共有二百餘座），有火山國之稱，地震不絕。但是噴出的溶岩使河川斷流，構成湖泊，因此境內多湖，風光明媚。日本第一高峰富士山（Fujisan，3,776公尺），18世紀初有大噴火，其後沒有噴火活動，為圓錐形死火山，頂上附近常呈白雪皚皚，非常美麗，日本人均喜愛富士山，以為這是代表日本的象徵。風景優美的觀光地區，多闢建於火山地帶溫泉區。

日本適為颱風通過的進路，且由於地形與氣象條件等，每年遭受自然災害的比率甚高。梅雨或颱風所造成的集中豪雨或河川的氾濫，日本海的豪雪、地震或海嘯等災害，火山的爆發、旱魃與凍災，日本人不斷地面對自然苛酷的考驗，其中尤以颱風與地震的災害最多。火山活動頻繁，成為世界有數的地震頻繁地帶（1923年發生7.9級的關東大地震，有十三萬人死亡）。

日本因山地多而陡峻，平原狹小，河流湍急，航行不便，因此分成若干小地區，而各地區之間均呈孤立傾向，結果造成文化傳播與發展的不均衡，對統一國家的形成也有很大的影響。

另一方面，則因河川的水流落差大，可供水力發電之用，到了下游，拋下大量的沖積物，造成肥美的平原。關東平原、近畿平原、濃尾平原等，土地肥沃，產業發達，人口稠密，為日本的精華所在。

日本群島的東面是太平洋，海岸線曲折而複雜，多良港；西面隔日本海與黃海，東西兩側的洋與海，深度與性質迥然不同。東側是太平洋與海溝，西側是構成大陸棚的日本海。東側的日本稱表日本，西側則稱裏日本，表日本較為繁榮富足。

日本因四周圍為海洋所包圍，具有與任何國家均無陸地連接的特徵，從而亦少被捲入外國戰亂，而能一邊蘊育日本固有的文化，一邊

吸收大陸文化，處於得天獨厚的地理位置。

## 2. 土地利用

日本為森林之國，現在的日本，國土的70%為森林所掩蓋，古代可能至少有90%以上是森林。森林在世界全陸地所佔比率僅及35%，可見日本綠色林野地帶之濃密。農地僅有15%，牧場（牧草地）僅佔1%而已（美國達20%）。地下資源貧乏，能源90%仰賴國外進口。宅地卻只有3%，極端的不足，引起地價高騰。

農民對大地的憧憬，自然美的意識強。長期看來，島國的利處似較之不利多，蓋因山脈重疊，致國土細分，環繞四周的海洋，使島與島之間或沿岸之地的交通比較容易，此由瀨戶內海的情形更可以看出。海能供給豐富的魚類，成為日本人的主要動物蛋白源。

## 3. 氣候

日本位於溫帶與寒帶的中間地帶，屬於溫帶氣候區，氣候大體是溫暖的。溫和而多雨是其特徵，但因受季節風的影響，富於季節的變化，四季分明。且由於群島係由北而南，緯度約有十五度之差，因此南北氣候差異甚大，復由於中央的山地阻隔，太平洋沿岸與日本海沿岸的氣候差別甚大。這種顯著的季節變化，使得日本的天然物產種類繁多，同時養成日本人對於自然的敏銳感。

日本四面環海，海流的影響很大，兩個海流在日本海域相會，給日本帶來豐富的漁產和良好的氣候。來自西北大陸的冬季季風，因掠過日本海而溫度、濕度均有增加，沿海的黑潮也帶來暖風，因此，日本的冬季並不酷冷，而裏日本冬季的雨量卻多於夏季。4月至5月，乃是新綠萌芽的春天季節，櫻花盛開，春夏之交有一個月左右的梅雨季

(tsuyu)，夏秋之交則多颱風，9月到11月，為天高氣爽的秋天季節。

## 4. 交通運輸

交通運輸網最密的是公路，其次是鐵路，飛機與船舶的比率較低。以1985年為例，汽車佔57.0%，鐵路佔38.5%，飛機僅佔3.8%，船舶只佔0.7%（1970年以前，以鐵路為最多）。貨物運輸則以船舶（每公里噸數）最多，其次是汽車，鐵路運輸最少。

鐵路全長二萬七千多公里，其中80%是「國鐵」（國營鐵路）民營化所屬的「日本鐵道會社」(JR) 七社的路線。日本鐵路最初是在英國人技師的指導下，於1872年完成東京新橋與橫濱之間的鐵路。

日本鐵路的主幹是新幹線，在東京、福岡之間長達一千一百七十七公里，需時約六小時。此外，東北新幹線上野－盛岡（532公里）、上野－新潟間（330 公里）均已開通。新幹線的最高時速是二百四十公里。1988年，連結本州與北海道的青函隧道 (53.85公里，為世界最長)， 連結本州與四國之間的瀨戶大橋相繼開通，至此日本主要的四島都可以鐵路直接連結。東京、大阪等大都市周圍，則有連結都市與郊外的通勤用鐵路與地下鐵。

新幹線與一部分鐵路路線和地下鐵是標準軌，其餘則是狹軌，鐵路的電氣化約達50%。

## 5. 自然觀

日本人常意識到自己與周遭全體的關連,注重全體中的秩序形成,此由安藤廣重的版畫作品「東海道五十三次」， 即可充分表現出來，即在山、河、雨、風的自然之中，凸顯人的地位。這與歐美或中國所抱持征服自然，人定勝天，應對自然，與之搏鬥，加以克服，改造為

對人有用的，可愛的自然的想法不同。日本雖然有保護自然的習性，但無改造自然，人定勝天的觀念，蓋認為其「不自然」， 如然，則恐遭天譴（作壞事必遭天譴的想法極為普遍）。對無生命亦愛惜，對狗、貓更是愛護備至，對小蟲亦然。

## 6. 建築

喜愛自然、讚美自然，與自然緊密而生活的日本人，無論對動物、植物、天然現象，自然與人之間，不設區別，概以一元論視之。

歐洲人則對自然或人，基於神所造成的宗教心，視自然為人類形成文化而加以征服、利用的對象，視之為二元論。

日本的自然甚豐，在如此得天獨厚的自然環境之中，其建築到底不及「自然」， 這是日本人具有敏銳的感受性，很早就知人間之無常（虛無）。 日本建築之中顯現的簡素特性，在某種意義上，應是反映其對豐富自然的對比。

日本的建築，乃是所謂建築的庭園化，而歐洲則是將自然建築化，庭園是人工化而接近建築。歐洲的建築空間是神的理想這一全體系之中的自律，而以造成規範為目的。文藝復興時代的建築家亞爾伯提說「創造的比種下的東西更有價值」。

東亞（中日韓）的庭園是以自然的景觀美為主，與重視幾何學之美的西洋庭園形成顯著的對比。自然的景觀美，並非自然原原本本的風貌，而是利用樹木、石頭等自然的材料，象徵自然山水的形狀，或加以強調，而形成一種有歸宿而調和的人工空間美。

在一千多年的庭園歷史之中，隨著時代的推移，日本庭園的樣式亦隨之有所變化。大別之，有築山式（以中心之池塘表示大海，盛土配以岩石，以表示山的形式）， 以及不用水而敷設白砂，以砂紋表現

大海流向，立青石以象徵瀑布方式的枯山水式等。京都天龍寺、西芳寺的庭園是前者，龍安寺、大德寺或大仙院的庭園屬於後者的例子。

京都天龍寺庭園

　　採擷所有日本庭園各自的特徵，活用庭園外的山嶺或樹木作為遠景的（借景）庭園，最著名的是京都桂離宮與修學院離宮。

　　歐美著重牆壁的建築，而日本則屬於屋頂的建築。日本建築的特色是，與其著重「圍」，不如說是「隱蔽」的，著重屋頂的建築。農家的「藁葺」（warabuki，用稻草葺成的屋頂），顯示隱蔽的屋頂特性，建造得相當堅固，周圍的建物則不然。

　　既以屋頂為根基，建造的方法亦是先建柱，架上屋頂，以其重量使建築物壓頂，然後才造牆壁或窗戶。在日本的建築之中，屋頂的形狀最為美麗，無論是唐招提寺的金堂或是桂離宮所見日本建築之美，實以屋頂為最。建築家村野所設計，輕盈而呈向下傾斜的連續屋頂模

樣的京都「都」(Miyako)旅館佳水園，屋頂的錯綜與和諧之美，顯現日本建築的精華。

　　日本雖多雨，但其建築物的屋頂，傾斜度不大。一般而言，屋頂的傾斜急，則會提高建築物的獨立性、垂直性、威嚴性；如緩和，則具有與環境的連貫性、水平性特質，具有輕快之感。中國建築屋頂的角度彎度頗大，日本的屋頂則是直線，不強求曲線，因此彎曲較少。

　　自19世紀後半，西洋文化進入日本以後，建築方面亦積極引進西歐建築樣式，加上原來的木材，以石頭或磚瓦等建造的「洋館」，引人注目，如東京車站、赤坂離宮（現在的迎賓館）等，均具特色。

　　另一方面，日本地震多，對建築物造成很大的災害，因此大的建築物特別重視耐震結構，採用鋼筋水泥，都市則是高樓大廈雲集。

　　近代的日本建築大都採取日本建築與西歐建築的折衷，而產生近代的，富有個性的建築物。1966年完成的國立劇場，1985年完成的國技館，外表上，採取日本傳統的樣式，卻是運用最新建築工學的結晶。

　　由於受到地震的限制，超高大樓的高度有限制，但建築工學吸收地震的振動原理，成功的提高安全性，各地遂紛紛出現超高大樓。尤其是東京的新宿周邊有四、五十層大樓林立，有如紐約曼哈坦地區。

　　但日本人大多數仍然喜歡日式兩層的木造房屋，而不喜歡西式的高樓大廈，蓋其適合日本的氣候。在京都等地日式建築較多的地方，各具色彩與風格，外型亦隨潮流而進步。


## 二、人口

　　據1990年國勢調查的統計，日本人口有一億二千三百六十一萬人，次於中國、印度、蘇聯、美國、印尼、巴西，為世界第七位。人

口密度，每平方公里三百三十二人，僅次於孟加拉、臺灣、韓國、荷蘭、比利時等國（美國為二十五人）。 與五年前比較，增加了三百九十九萬人，每年有3.4%的增加率，卻是戰後最低的成長率，隨著出生率的降低，人口增加率亦隨之下降。就年齡別來看，人口構成以三十～五十歲的階層最多，老人人數日增，急速地接近歐美型的高齡化社會。

# 第二節　日本社會近代化的特徵

## 一、近代化的意義

有關近代化的問題，自1960年代起，歐美各國學者即從政治、經濟、社會、歷史等各方面去探討。最早提出近代化理論的是西方的學者，但近代化的概念及解釋，則是眾說紛紜，迄無定論。

過去的近代化論，以為日本的工業化一旦達到西歐的水準，則連社會應有的方向亦會與西歐同樣，由是斷定西歐所無的社會現象，一概視之為日本的後進性或封建遺制。這種看法乃是依據單純的發展階段說，以為西歐較之日本立於更高層次的先進國，這是明治、大正時代以來日本知識分子根深蒂固的西歐自卑感(complex)作祟。

這種論斷當然有下層結構與上層結構的相關關係，但在經濟上的工業化，則日本人的想法與人際關係亦會隨之整個變為西歐的方式，則是過分單純而不合邏輯。

一般而言，所謂近代化，乃指與社會各方面有關全面性社會變遷

的過程。近代化應包含下列幾項：一、人類從被動受自然影響的態度
脫離，想積極改造，征服自然。二、以等價交換為原則的貨幣經濟取
代自然經濟，為廣泛地區民眾提供共同生活的基礎。三、民主主義的
普遍化。四、民族主義（政治）之蛻變（國家內部的民主，社會制度
合理化，教育普及，生活安定，社會的開放）。

在工業化過程中雖有共通的大變化，但個人在社會的實質人際關
係，則各社會均有相當的差異，可見其中存續各自的社會傳統，如日
本的公司、政府機構等，與西歐的組織全然相同，但當人們要決定事
情或會議討論的進行方式，或互相之間，或與外部之間的折衝方法，
則完全採取日本獨自的方式。可見即使是形式或內容相同，作法、運
作的方式卻完全不同，這對於瞭解社會的質方面，是相當重要的。

依中日近代化的過程而論，其類型是封建後進國被先進資本主義
國家侵略，為了維護國家與民族的獨立，不得不採取西化、資本主義
生產的模式。但中日兩國所走的歷史軌跡卻不同，日本大體完成近代
化以後，迅速地發展為先進資本主義國家，不久又走向帝國主義階段。
另一方面，中國則在同一時期淪落為半殖民地、半封建社會，而無法
完成近代化。

最值得重視的課題是，中日接受西洋文化態度不同的文化背景，
成敗得失的原因分析，進而就儒家思想到底對現代化是助力或阻力這
一學界的爭論問題加以詮釋。

從近代化的概念加以界定，並對19世紀後半期中日兩國在整個政
治、經濟、社會、文化方面的發展，用比較研究的方法，探討兩國在
近代化發展差異的各種因素。

首先就中日兩國的歷史文化背景，探討國內的有利、不利條件，
國際背景的異同，並從舊經濟體制，資本主義萌芽問題，探討工業化

的前提條件與經濟發展的步驟與成果。

## 二、日本社會的近代化

人類社會的發展階段，一般以為是從原始社會到古代社會，從古代社會到封建社會，再從封建社會進展到近代資本主義社會。這種發展階段，雖不能說是任何國家都走一樣的途徑，但日本的社會明顯的是先創造了封建的社會，再以明治維新為分界，由此封建社會發展為近代資本主義社會。易言之，日本的社會，因明治維新而開始走向近代社會。

近代社會，具有與前近代社會顯著不同的特質。近代社會的人們，急遽的增進了生產力，並促進了交通通信技術的進步，而擴大社會生活的空間，同時由於社會的分工，造成複雜而分化的社會，這就是與前近代社會不同的近代社會的特質。在此近代社會之中，人們不一定如同過去般，在出生的村莊或都市生活，多數的人會改變生活的場地，作地域性的移動。出生的身分不一定是固定的，階級變遷的可能性大為開放。就理念言，從地域的封閉或身分的差別開放的市民，可以創造一個自由、平等的開放的社會。因此，近代社會同時也是市民社會。

回顧日本幕末時期的社會結構，封建社會並未完全解體，蓋德川封建體制雖走向崩潰，但並未全面動搖到產生近代資本主義社會的地步。即使舊體制全面動搖的農民起義，雖極為廣泛，但並未形成全國性的規模，即未到否定封建制度的階段。高利貸商業資本，在某種程度上腐蝕了封建經濟，但承擔新的近代社會的產業資本卻未成長。在此經濟體制之下，對大多數的人來說，家庭與村莊乃是足以填滿其生活的世界，因而甚難超越此一自足的小社會，成長為較大社會的自覺。

在封閉性小宇宙的村莊或都市裏，前近代的社會生活依然運轉不息。就在此際，鎖國的封建社會一旦被迫開國時，其衝擊是很強烈的。此一時代的先進諸國，經過了近代市民革命，發展為近代社會，同時，其資本主義正將發展為帝國主義。因此，從外在逼迫日本開國的衝擊，伴隨著殖民地化的危機。

明治維新即在此日本史與世界史斷層之下產生。日本受到扭曲的近代化，乃是基於此顯著的斷層重壓之下的產物。明治維新的主體求諸於下層武士團，而為藩閥勢力所發動，以及從攘夷轉到開國，感受國恥而起，其原因在此。下層武士無論如何努力打破封建體制的矛盾，依然具有封建的性格，而無法擺脫封建的桎梏。他們可說是本能的，致力於將傳統的社會體制運用於近代社會之中。

明治維新的進程，自始即扭曲其近代化的路程。痛感開國為國恥的新的統治階層，當其覺悟到日本與歐美之間的顯著差異時，集中努力克服殖民地化的危機，以確保獨立，締造一個足以與列強對抗的日本。近代市民社會的變革並非其目的，毋寧以一舉從封建主義追趕帝國主義為其至上的目標。日本的近代化乃是為了國防的，修改不平等條約的，富國強兵的近代化。

另一方面，在接受所謂西洋文明的近代科學與技術，致力培養近代產業，屬於富國強兵的文明開化；一方面卻加強天皇崇拜的教化，強調相對於「西洋之藝」（科學技術）的「東洋之德」（道德），徹底鼓吹忠孝的道德。其目的乃在阻止促進近代化的市民的自覺，並維護封建的家族主義，以教化作為家族主義國家的大日本帝國優越性的神國思想。生活於小宇宙的範圍內而不知近代國家的國民，被灌輸以大和民族的獨立性自豪的不合理思想，將封建社會所培養的犧牲與奉獻集中於天皇一身。

近代市民社會革命前提的農民解放依然不徹底，亦即在農業的犧牲之下所建造的資本主義，在引進近代科學技術與政府的深厚保護扶植之下，不斷地躍進。隨著生產力之提升所導致交通通信的發達，使長期孤立分散的封建體制下的地域社會，統一為近代的中央集權國家。在落後的亞洲一隅，雖經過曲折的過程，卻也制定了憲法，創造出擁有近代軍備的國家。

公營事業加上拋售為民營的「殖產興業」政策，推動資本主義，使日本的資本家階級可以做到不與政府對立的互補作用，而加強「政商」的性格。利用國內封建遺制而發展的日本資本主義，自始即未在開拓自由與平等之路的意義上，承擔資本主義所具有的歷史進步性。因此，在形而上的近代國家的形成，既與人民主權不相連結，當不能推展中產階級民主。形式上的近代國家，幾被以皇室為宗家的家族國家的實質所掩蓋。

以驚人的速度進行由上而下的近代化，成為自始抱持不均衡與扭曲的過程。隨著扭曲的擴大，解決的方式既求諸於外在，遂傾向於帝國主義的侵略政策。易言之，並非滿足人民的要求，崇尚自由，走民主化的路線，反而極力壓抑民主，企圖對外擴張。當其達到無法再扭曲的頂點時，「大日本帝國」遂不得不崩潰。太平洋戰爭的悲劇，即是此一重覆矛盾的必然結果。


## 三、民主化及其極限

當日本敗象畢露，尤其在美國投下原子彈而接受波茨坦宣言時，日本國民大都有茫然若失的幻滅與從死亡的恐怖解脫的安全感。在魯莽的戰爭所造成的困窘之下，大都處於飢餓邊緣，在此情況之下，大

正民主時期傳聞一時的基本人權的尊重與言論自由等論調乃甚囂塵上。大多數的日本國民，對這類論調並未引起多大的感激情結。但這種民主卻在美軍佔領之下，強迫性的排進日程，其後成為種種民主化的指令，推動戰後日本的民主化。

戰敗的日本，並非是經由本身內鑠的變革，而是在佔領軍的駐紮現況下，由盟軍總部(GHQ)發出民主主義這一新的價值體系的指示進行改革。這是外來賦予的民主化，戰後的日本無異被送上民主主義的實驗臺。實驗臺上所支配的是某種程度的美國民主化的健全性。這種以軍隊為後盾所實施的佔領政策，不僅有其極限，亦有不符日本現實條件的限制。

日本接受這種民主主義為至高無上的命令，將絕對主義天皇制改為象徵天皇制，修改憲法，對過去被視為不可侵犯的國體精華加以大幅的修正。與此國體同樣重要的是，日本帝國自詡的封建的家族制度，亦修改為基於近代的夫婦家族制原理的民法。「家」族制度被廢止，家族原則上是建立在男女兩性的合意之上，男子的優勢地位被否認。兩性的平等，因選舉權的擴大而受到保障。在戰敗翌年的大選，女子得以與男子同樣享受投票的權利，且產生不少女性民意代表。

支配日本經濟的財閥，依禁止獨佔、排除集中的原則解體。長年支持帝國的勞工與農民，展開其走向自由之路。勞工可依工會法、勞工基準法維護其權利，改善勞動條件或勞動時間。戰前雖亦有工會，罷工亦非絕無僅有，但不在法律保障的範圍內，政府當局的自由裁量即可隨時加以彈壓。至此，乃得以法律保障勞工的完全權利。被搾取高額地租的農民，因土地改革而解脫其長年以來的桎梏。因資本主義經濟的發展，農業的比重漸小，削弱了地主的力量，昭和時期在日本政府的主導下所推動自耕農的扶植，地租的合理化等措施，卻在佔領

軍的壓力之下徹底的推動。結果，原來只有三成的自耕農戶數驟增，已超過六成，本來近三成的佃農，卻僅餘5%而已。

學術與思想的自由既被保障，培養國家主義作為帝國支柱的教育，亦被新的教育制度所取代，灌注扭曲的家族觀或國家觀的修身、公民教育，亦被社會科教育所取代，使國民得以具備成長為民主人的條件，確是很大的收穫。

依公職驅逐令解職的人們，重新回到統治階層之後，保守的力量益為加強。這些人多數是在戰敗之際，固執於國體的護持重於人民，而認為新憲法是佔領軍強迫性壓制的產物，因而展開了保守主義者推動一項修改民主主義和平憲法精神的特殊情況。

但大多數慘遭長崎、廣島原子彈與全國都市轟炸戰爭災禍的日本人，卻廣泛的支持標榜放棄戰爭的和平條款。雖然從警察預備隊到保安隊，再擴大到自衛隊，創造了保衛國土的自衛軍隊，但不出專守防衛之域，這一摒斥戰爭，只作防衛性的國防觀念，已成為大多數國民的共識。

## 四、中日兩國歷史文化的背景——舊體制與近代化的前提

### 1. 中國近代化有利與不利條件

在政治方面，中國是中央集權，統一是正常，分裂是反常。社會方面，普遍化的程度較高，由於科舉制度，個人在社會上的地位由其成就決定。思想方面，理想主義相當盛，所受宗教妨礙的成分較少，這些都是有利條件。但中國為一文化主義國家，沒有或很少帝國觀念，夷狄入中國則中國之。在社會方面，特殊主義、人情味太重，缺乏合

理化的制度；在經濟方面，中國對投資規模小，未能專業化。不注重技術，指其為雕蟲小技；經營管理方面，僅重錙銖必較；思想方面，傳統教育不重個人主義，而重服從，且極保守。

## 2. 國際環境

中日兩國在正式對外開放通商前後的國際關係，均具有相類似的特徵，即在承受西方激烈的衝擊之先，都處於相當孤立的情況，而且兩國與西方國家的締約通商，都是被動的性質，為西方武力脅迫下的產物。與西方所締訂的條約，都是不平等的，甚少具有互惠互利性質的規定。但就整個的情況而言，西方之對待中國似較其對待日本為嚴酷。此外，中日兩國對外通商之初，都有排外仇洋的重大案件發生。但在類似的排外事件中，其肆應與所獲教訓卻有極大的差異。蓋日本能有所領悟，從單純的攘夷排外，轉向全盤的西化，促進近代化，而中國卻仍沈迷於華夏觀念，固執於「中體西用」，或「西學源自中國說」，而難有發展。

## 3. 內在環境與歷史傳統

就地理環境而言，日本地瘠民貧，生活異常的緊張，因而富有趨事赴功的精神，對於近代西洋的文明，較易體會而欣然接受。中國則地大物博，一直到近年才漸感生事的困難，因而薄功利而習於苟安。日本孤懸海中，歷史上有一種從來未為外力所侵入的誇耀，加以離封建不遠，其人民卓然有一種任俠尚武之風，實具有近代軍國民教育的素質，因此改革伊始，即能政治與軍備雙管齊下，成效卓著，能與現代資本主義、帝國主義的國家並駕齊驅，實以此完備的武裝為其骨幹。

中國對於軍備的改革，自清末才開始著手，革命以還，又連年疲

於內戰，因之新式軍備的建立較為落後。

## 五、中日接受西洋文化的態度異同與成敗關鍵

### 1.思想背景文化傳統與吸收外來文化的肆應

儒家思想有中國的正統，自內聖以至於外王，融合心物，已歷二千餘年，一直為歷代的「官學」。 中國文化在其長期發展的過程中，已養成了根深蒂固的自尊自大的優越感，因此不易接受近代西方文化的優越性。自古以來，價值體系的標準、傳統的儒家思想，亦具有顯著的重道德、輕物質的傾向。不僅重視思考、直覺，而輕視體力勞動、工技，甚至過分重視家族而缺乏國家意識，尤其復古的意識特別強烈。

日本對於傳統的束縛則較為輕微，蓋其一向是文化的輸入國，具有模倣他國文化的悠久傳統。過去不斷地吸收中國文化，近代則可以輕易的轉而全力吸收西洋文化。雖然如此，無論是自古以來的「唐化」或近代的全盤西化，仍然強調其神道中的國粹觀念，以證明其一致性與大和民族的優越性，這與近代歐洲民族主義強調其本國特殊地位與精神亦最契合，同時採取選擇性實用主義的方式吸收外來文化的精華。

在幕府末年，受到民族危機感，「洋學」者與諸藩已積極引進西洋近代軍事科技，奠定了明治維新後引進大量西洋文化的基礎。尤其出現下級武士學習洋學而改革舊體制的勢力。與此相反，中國由於受到傳統文化的束縛，與清朝長期的閉關政策，無法形成先進知識階層，鴉片戰爭以後，也沒有革新勢力的形成。這是中國所以面對西洋列強的殖民地主義侵略，而無法迅速克服民族危機的一大原因。

## 2. 政治制度與結構

就推動自強新政的機構而言，中日兩國相較，中國顯然缺乏具有充分權力與效能的領導中心，而日本則較具備這一方面的條件。

明治維新後領導中心的結構，權力既集中而富有彈性，輔佐的大臣亦都是一時之選，且具有強烈的使命感與改革意願。反之，清季自強運動實際的主持人物，都是督撫，而非強有力的領袖人物，輔佐的軍機大臣，除了極少數的人之外，大都缺乏推動近代化的才識與幹勁，這與日本一些年輕而兼具籠罩全局才略的領導人物，實不啻天淵之別。

日本有一個號稱萬世一系的皇統，雖經過近代極度的變化，國家仍有其重心，因之一切改革比較容易走上軌道。日本的二元政治體制使尊王攘夷容易導向倒幕。但集「天地君親師」於一身的清朝皇帝，既為「聖人」又為「師表」，在天無二日，地無二王的教化下，天下萬民必須服從，除非極端的腐敗、衰落，否則很難推翻。

再就官吏的任用與選拔方面言，日本的世襲制度與門閥制度，長期以來使有才能的人才不能出頭，阻礙了社會的流動，直至幕末時代，在經濟、社會的變動與西力衝擊之下，下級武士階層始有發揮其才能的機會，但在尊皇攘夷運動中，容易轉變為倒幕運動，推動所謂「文明開化」運動；而中國的科舉制度，卻巧妙的登用一些受八股封建思想的「衛士」，加強封建體制的思想統制。為此，反而鞏固了清朝的專制統治，而難以推動改革。

## 3. 工業化與經濟發展

中日雙方商品經濟與資本主義發達程度的差異，實為兩國近代化成敗的原因。蓋商品經濟與資本主義發達因素乃是從封建社會是否能

進展到資本主義社會的內在條件。

當19世紀中葉，西力東漸，中日兩國均受到很大的衝擊，清朝中國與德川幕府的日本，都進入封建社會後期，隨著社會生產力之提高，農業、手工業的發達，社會分工的擴大，商品經濟的發展，自給自足的自然經濟開始崩潰，於是出現資本主義的萌芽，這可以說是19世紀中葉，中日兩國社會經濟發展共通的趨勢。但發展的程度卻迥然不同。

中國方面，就先進地域而言，商品經濟與資本主義因素較為發達的長江以南、東南沿海地區，其經濟發展的水準，較之日本並不遜色。但中國的疆域過廣，各地域的經濟發展極不均衡，因此，除了東南沿海等一部分地區之外，自給自足的自然經濟仍極普遍。即使經濟較為發達的蘇州、松江等地，商品交換也僅限於都市、郊外等，以及生產經濟作物的農村，而不能及於廣大的農村。由此可見，商品經濟與資本主義較發達的地區尚處於自然經濟大洋中的一孤島，其對國家全體經濟的角色與影響實微不足道。

日本方面，雖從經濟發展的程度來看，各地域可以分成先進、中間、後進等三類型，但整體而言，各地域經濟發展的水準，不如中國差異之大，而且其商品經濟與資本主義發展的水準似乎較之中國為高。

經濟作物或商品化的程度可作為一國商品經濟發展水準的主要指標。比較19世紀中葉中日兩國商品經濟發展的水準，中國顯然較日本落後，此由糧食、棉織品等的商品化過程即可瞭解。

日本雖土地狹小，但為海洋所包圍，沿海的水上交通相當發達，地域間的經濟連繫頗為密切；相反地，中國為廣大的大陸國，為日本的二十數倍大，除了沿海地區海運條件較為發達之外，大多數地域間的經濟連繫僅靠內陸河川與陸路而已。在缺乏鐵路、汽車等近代交通工具的時代，國內的交通不甚發達，這也是市場形成上客觀條件的差

異。

　　中國方面，在市場形成方面顯然較為落後。在鴉片戰爭以前，雖
間有區域市場，以及跨越區域的全國性市場，但在國內市場上佔主要
地位的商品——糧食與棉布，卻多在地方小市場與區域市場販賣，遠
距離的運輸販賣所佔比例不高。可見各地區之間有某種程度的經濟連
繫，但尚未形成全國性的市場。

　　此外，日本幕藩體制下採取的「兵農分離」政策，加速了國內市
場的形成，由於此一政策，使佔有總人口5～6%的武士及其家族，離
開農村而集中到城下町（jōkamachi，以諸侯的居城為中心發展起來
的城市）的都市去，於是產生為數五十餘，人口超過一萬人的都市，
尤其江戶、大阪、京都等地的人口超過數十萬人。江戶更由於龐大武
士團的集中，「參勤交替」制度❶的實施，在18世紀時已是一個擁有
百萬人口的大都市。因此，近世初期，為了因應領主經濟商品化，以
幕府直轄的三個都市——江戶、大阪、京都為中心，已形成了連環式
的全國性市場。江戶為米穀以及其他物資的消費市場，「天下的廚房」
大阪則是全國性市場的商業都市，同時又為幕藩領主商品的流通中心。

　　中日兩國的工業化由於其基礎薄弱，因而均從水準較低的起步，
亦即在資本主義因素開始萌芽，資本的原始累積極少的條件之下開始
工業化。從國際條件來看，兩國都是受到資本主義列強的經濟侵略，
不平等條約的枷鎖，喪失關稅自主權，以致外國工業產品在市場充斥，
民族產業受到阻礙。

　　所謂資本的原始累積，乃是商品市場的形成，勞力的供應，貨幣
財富的最初累積，但實質上卻指的是從農民、手工業者的剝削。兩國

----

❶ 參觀交替制是江戶時代，幕府統制諸大名的辦法，規定諸侯每隔一年赴江
　戶晉見將軍，並留在幕府供職一年。

的資本累積都是假借國家權力，以相當快速的進度進行，而與資本主義產業的發生、發展並行。這是與西洋各國不同，卻是中日共通的特徵。

但中日兩國卻也有不同的發展背景。日本方面，由於內外的特殊歷史條件，明治政府被迫強制進行原始的資本累積，國家政權需要資本主義產業的形成與發展，因此僅僅三、四十年即達成原始的資本累積與產業革命。由於原始的累積依靠國家權力由上而下的推行，國家資本佔有重要地位。至於原始的資本累積，初期與中期是以內部累積為主，主要是來自高額的地租等剝削，後期則以朝鮮、中國等殖民地的榨取，巨額的賠款等為重要的原始累積資源。中國方面，資本的原始累積在1840～1894年之間以及1895～1922年之間，稍有進展，但其起步較遲，過程亦極緩慢，因此，資本的累積並不充分，而其特徵有三：一是在西洋資本主義列強的侵略下開始，而其過程中則以外國資本佔主要地位。二是資本的原始累積過程與資本累積過程在並行、交錯中進行。三是國家權力所扮演的角色雖較西洋各國為大，但不如日本。

再就兩國工業發展的進度與水準而言，起初都先重視軍事工業，發展輕工業，且在規模方面，中國稍大於日本，但在效率與生產性方面，則不如日本。日本的「殖產興業」政策，成功的扶植民間資本主義的經營，擺脫封建主義與官僚主義，而逐漸成長，成為日本近代化推動的動力；但中國的官營企業，無論是官督民辦或其他形式的經營，自始即無生氣，而逐漸衰退。由此可見，無論是發展的步驟與水準，中國都不如日本遠甚。

## 六、儒家思想與東亞近代化

最近幾年來，尤其1960年代，東亞地區的經濟快速的發展，不僅日本成為世界上的經濟強國，且產生了臺灣、新加坡、香港、韓國等所謂「四小龍」的經濟奇蹟，而有「新興工業國家」（Newly Industrialized Countries，簡稱為NICS或NIES）之稱，被視為世界貿易市場上的超級競爭者。為此引起西方社會學界與經濟學界的研究興趣，試圖探討形成東亞經濟奇蹟的原因，並從政治與法律因素，經濟及地理因素，社會與文化因素等，加以分析。其中以社會及文化因素最為基本，蓋以此為基礎再克服不利的經濟以及地理因素，比較容易造成經濟的發展。

文化的因素則以儒家思想最引人注目，東西方的學術界對於儒家思想與現代化問題掀起了一股研究的熱潮。東亞國家到底具有何種文化價值，有利於經濟發展，蓋四小龍與日本在過去的歷史上都是深受中國文化影響的地區，而儒家思想又是中國文化的主流，因此，假定社會文化因素確為造成東亞經濟奇蹟的主要因素，則儒家思想對東亞經濟發展必然發生決定性的作用。

儒家文化的特質，當因各國的歷史背景而有所差異，對儒家思想具體內容的認定亦稍有不同，但很多學者卻肯定儒家思想有助於東亞國家的經濟發展，此即所謂「後期儒家假說」，這與1960年代以前完全否定儒家思想，認定其為阻礙近代化的說法迥然相異。

其實，東亞的現代化是東西文化接觸後，儒家思想和西方文明交互作用所產生的結果，如無外來文化的刺激，單靠儒家思想本身，實不足以推展現代化。因此，東亞的經濟奇蹟絕非儒家思想單一因素所促成，而其主要關鍵在於能否建立一個將儒家思想的「仁道」的熱忱轉化為知識體系上，成為多元的發展。這由日本「道」的多元化發展過程以及中央集權專制中國的自我設定，即可以瞭解其中的不同。

這也是何以中日兩國近代化成敗的關鍵所在。

## 第三節　農村與都市的結構

### 一、共同體的村莊與町

明治維新當時，人口的九成住在農村，八成以上為農業人口。其後經過半世紀以上的昭和初年，農業人口仍佔一半，居住於都市的人口未達25％。其間農家戶數與農業人口，實際上有若干增減，但沒有很大的變化，可見農村增加的人口大多遷移到都市。大體而言，農村的生產力與都市之比為三比二，因此農村流入的人口，導致都市人口的增加。都市人口接近四成的1940年，日本人口的八成，都是在農村養育的。

對近代日本人來說，村莊是人格養成的原型，將村莊視為「日本文化之根」，亦非過言。村莊需要以集約勞動的灌溉稻作農業為主，水田必須導引灌溉用水，而用水的整備管理，不能僅靠個別的經營，必須要求以村落為一體的共同勞動。倚恃自給肥料的時代，為了生產水稻的肥料，求諸於分配給各村的山林原野，村莊統制林野的利用，以支應村落全部農家的生產；山林也是農家薪炭的重要來源，須要村落一體管理的，不僅是水而已，連山林亦然。由於近代利用化學肥料進步，村莊共有的山林亦被分割的情況下，其重要性已漸減，至於水，在水利齊備之後，依然需要村人的共同合作。即使後來逐漸趨向以個別的生產為主體，但仍有甚多仰賴共同體協力的農業生產，這是何以

近代日本的農村，仍被視為村落共同體的緣由。在農業生產上，仍殘
存類此共同體的特性，因此村落的社會生活之具有共同體的特性是當
然的道理。

　　構成村莊的農家，在明治維新後，較諸德川時期更容易捲入商品
經濟之中，但整個而言，仍不放棄稻米的生產，保持糧食的自給。就
此而論，村莊仍處於自給自足的狀態，多少殘留封閉性的生活。村莊
依然在某種程度上，屬於小宇宙，在此小宇宙之中，農民自行生產消
費，營自給自足的生活。農業上共同體的特性仍及於其他生活層面，
在婚喪喜慶的相互扶助，以及家屋建造修理的協力方面，一直具有濃
厚的村莊共同體的一體性。

　　村莊這種一體性由各村所有的氏族神－鎮守為象徵，與外在社會
而來相對的疏離感，以及與近鄰諸村之間難免發生的山林、水資源問
題的對立，深植強烈的村莊意識。每天都與朝夕坐臥與共的村人接觸，
具有多方面的生活關連時，人們當然會意識到村人。村莊通常是數十
戶，或一百數十戶的集落，大部分的社會生活圈都在村莊的範圍內，
與村人之間當會保持相互熟悉的關係。由於村莊的移動性少，每一戶
家庭無不背負過去漫長的歷史，這些村莊就是由那些知悉現在，瞭解
過去的人，在歷史性的社會關係累積之中創造的。因此，在一離開村
落共同體，即不能個別自行生產的狀態下，這種複雜的人際關係，更
具重大意義。

　　不僅如此，日本的村落共同體與西歐相較，並非是平等而形成不
同的階層結構，此一共同體，亦與地主制的階層制互有關連。如無村
民的共同勞動或相互扶助，即無法生存的農家，均處於地主佃農關係
之中，而形成不同的身分階層。具體而言，處於鄰居關係、親戚關係、
或交換勞力關係的農家，再依地主佃農關係或僱傭關係而結合在一起。

因此，村落的社會規範，愈下層則愈須勞動，下層的貧農完全埋沒於共同體的村落之中。

當然，這種共同體性格，從明治到大正、昭和之後，逐漸發生變化，村落多少變成自給自足的單位，但由於商品經濟之逐漸進展，居住於村莊的人們，已不限於村莊而擴大其生活領域。在農業生產上，村落一體共同性的必要部分日漸縮小，求諸於村莊外的兼業機會漸多，尤其1888年實施町村（tyōson，鄉鎮）制度，使德川時期以來的村莊，由四、五個村莊併成一町村。此後，有別於行政上的「村」，而稱過去的村莊為部落。本為獨立自治單位的村莊，已變成為行政單位的一部分，可說是一大變化。

但行政單位的町村，承擔近代國家委任事務的推行，已感到筋疲力盡，沒有吸收舊有村莊自治之力。村莊實質上依然是自治單位，只是被利用為承擔行政區（即町村）行政的單位而已。從部落所有山林移到町村所有的統合或氏族神的合祀等，試圖融合舊村莊而加強新町村的統一並未成功。不僅如此，從大正到昭和年間的佃農紛爭中，村莊開始動搖，至昭和恐慌而日益困窘，於是轉而強調村莊原有的維護自力更生「鄰保共助」的醇風美俗。

實際上，在日本的近代化過程中，村莊雖產生種種變化，但假藉團結與和平的名義，以因應村落內階層矛盾的統制力量，並未喪失。明治末年以來所創設的集團，如產業組合、婦人會、青年團等，由全體村莊的成員所構成的傳統亦未改變，為了保持村莊的和諧，採取村莊集會一致通過的方式亦無變動。

與這種村莊相對的是都市的「町」（machi，街）。毋庸置疑的，「町」當然不能與這種村落共同體相提並論，而指其為共同體。但日本的都市裏，住在「町」的人們，與村莊同樣，仍然保留德川時期以

來，由「町寄合」（街的集會）決定一切事務的傳統，自行選舉「町」的公務員，擔任「町」的公共事務，無異為高度的地方自治。

隨著都市的擴大，村莊併入「町」，而進行都市化，但村莊的遺制卻只是改變形式而實質則不變。「町」仍以町會或是「町內會」的組織，圖謀町內的親睦與和諧。「町內會」的構成單位並非個人，而是以家庭為單位。就其半強制性或包括地區內的家庭為成員，及其機能之多面性而無限定而言，可說是與農村部落一脈相承。

這種情形尤其由舊「城下町」或「門前町」發展的都市為最顯著，由於大工業地區的選定而形成工業區的新興都市，其情形亦同。後者雖具有純粹產業都市的性格，工廠員工卻住在公司所分配的社區住宅，無論其在公司或社區，都與同樣的伙伴接觸這一意義上，無異構成村莊的社會。隨著這種工廠的發展，成立商店街，村莊擴大為都市，面對多數遷入的人們，但仍保持村莊的性格。此外，當員工遷居到都市郊外，使農村都市化之際，亦只是將其居住地方作為衛星都市(bedtown)，而他們所加入的「町內會」，仍由當地的地主或自營業主，如同部落一般的運作。連大都市東京都被稱為大村莊，雖其界定的意義不同，而有誇大之嫌，但頗能表現出日本都市仍具有傳統舊村莊的性格。

## 二、農村共同體的行動模式

村莊的外面是境外。日本文化形成的過程中，水稻栽培的共同體結構，成為決定性的因素，這種社會結構甚至一直綿延到現在。

日本集落是村莊，村莊本源是「群」(mure)。它並非行政單位的村莊，而是自然的村莊，亦即村莊的人共同運作、自給自足的生活場

地，也是生活共同體結合意識強烈，存有排他性的地方。

農村是自給自足的封閉社會，村莊境外的世界，受到排斥，村莊本身小宇宙的全體社會性、自足性、封閉性，具有劇烈的排他性。共同體全體的社會性、自足性、封閉性愈強，成員的一體感必然相應的愈益緊密。

村莊裏如有違背「掟」(okite，規約)，則會給予相當嚴厲的制裁，或予處罰，寫悔過書、謝罪文書，然後赦免，藉此以鍛鍊名實俱為村莊集團之中夠格的成員。

「躾」(sitsuke)，原來是矯正、養成、養育之意。穿衣的「躾」，表示「縫目」(nuime，縫合處) 應整齊端正而不破壞原型；播種必須保持苗種縱橫的直線，即將事物整理成一定型(kata)之意。將成長過程的兒童，施予一定的規範，矯正其素質，養成同類型的人，形成一個符合集團要求的人格。在此，個性隸屬於集團，集團的意志決定個人行動的情節之中，存在的是類型的、他律的人格形成。

## 三、農業結構的劇變

戰前農業的結構有兩項特質，一是極為零星的經營，主要以手工勞動進行；二是耕地的一半是佃農的耕作，屬於地主制支配的農業形態。

從明治維新以後至太平洋戰爭之間，日本約有五百五十萬戶農家。易言之，雖有近代日本資本主義的高度成長，卻僅能吸收農家的次男、三男，不足以產生農家的離農，接近七成的農家，都屬於一英畝以下的小規模經營。明治維新以後，佃農耕地增加，農家之中四成以上為自耕佃農，佃農約佔三成弱。自耕農達不到三分之一，七成的農民，

需支付高額的地租，處於耕作權不安定的狀態之中，成為從屬於地主的租借土地耕作的農民。

大部分農民，因貧弱而不能進行農業機械化，提高勞動生產，只能改良品種，增加肥料，努力提高單位面積的土地生產。一般而言，日本的農民，即使一生拼命的耕作，亦無法擺脫窮困的生活，日本的農業，成為日本資本主義的踏腳石，卻被資本主義經濟的成長所遺棄。臺灣在1950年代的土地改革與經濟發展的時代，其情形亦頗相似。

農業在戰後的農業改革，從第二項特質得到解放。日本的地主階層勢力，隨著資本主義經濟的發展而日益衰退，從大正到昭和年間，完全被資本家的勢力所凌駕。因此戰後為了經濟復興，而必要增產廉價稻米時，日本政府遂有農地改革的構想；其後由佔領軍的指令徹底的推行，長年支配農村的地主制遂解體。這種農地改革，雖仍屬零星的經營，卻使日本大部分的農民成為自耕農。

戰後農業生產連年增加，但其成長停留於年成長率3～4%，無法趕上國民總生產率10%以上的高度成長。1955年，達到國民所得二成的農業，在此經濟高度成長過程中，其比重遽降，目前僅維持3%左右而已。農業與其他產業的落差愈來愈大，結果，農家僅依靠農業已無法維持其生活，使農業人口大量外流。

農業人口雖急遽的減少，但農家戶數卻到近年始低於五百萬，現在仍達四百三十八萬戶，較之戰前水準的五百五十萬戶，僅減少二成而已。這不外是青壯年男子人口大量流向其他產業，卻有不辭農業而由老人與婦人為主體的經營。農業機械已顯著普及，與農業勞力的減少相對應，農家的兼業化，急速的進行。戰後日本經濟尚未復興的1950年，就業機會缺乏，農家的半數是專業農家，但十年後，已減少為三分之一，現在已低於15%。毋寧接近非農家的第二種兼業農家，則從

二成多漸次提高其比率，而增加到六成八。現在日本的農家，不屬於專門務農的農家已超過六成，男子務農的農家僅及一成。

日本政府於1961年，制定農業基本法，開始農業結構的改善事業，但無甚效果，農業的矛盾與日俱增。旋以連年提高米價，以資彌補，但提高米價卻又產生稻米過剩的問題。1969年，米價不僅未調整，甚至為了調整生產而招致「減產」的事態。對於長期以來，以稻米為主的日本農業，這的確是真正的轉變時期，對於因糧食管理制度而受惠，以稻米增產為生活支柱的日本農民而言，卻是危險的訊息。因稻米生產的過剩，而有要求放棄稻米耕作而轉作其他農作物之議，但無論是轉作畜產或果樹栽培，都有現實上的困難。國際上要求自由化的呼聲不斷地纏繞經濟大國日本，即使要轉變，仍難產生足與外國農產品競爭的力量；加上上述的劇變之中，稻米的生產過剩，而其他糧食的自給率卻又出奇的少，亦即直接食用穀物的自給率只有6%，飼料穀物僅有2%，糧食的自給率亦只有32%而已。農業的危機實際上即為日本的危機。雖然有此危機，但整體而言，農家的生活確實已有改善。1930年前後的農家所得，大體只有白領階級的七成，與被指責為「社會傾銷」(social dumping)的低工資勞工家庭比較，亦只有95%，每人所得平均數更低。此一情況在戰後卻有了顯著的改變。

戰時的農家所得，由於強制性的推行糧食生產而逐漸接近其他產業，敗戰之後，農家所得高於勞工。不久，日本經濟復興，農家所得雖低於非農家，但後來在高度成長的過程中，隨著兼業化的進展，農家所得日益增加，逐漸凌駕工人階級之上。1972年，農家所得每人平均已超過全國勞工，據1985年的統計，每人所得平均達工人的112%。

自農業基本法制定之後，僅依靠農業所得即能與勞工並駕齊驅的農家稱之為自立經營農家，而自立經營農家，約為當時全農家的9%，

至1960年代後半，一時超過一成，但現在又減為6%，雖然如此，農家所得之所以超過勞工，乃是因為兼營農業外所得之增加。1963年，從農家全體來看，農家所得之中，農業外所得，超過農業所得，最近由於米價被壓抑，前者遠超過後者。1970年前後，農業所得佔農家所得三分之一，1975年更低於三成，現在已不到二成。以農業作為專業經營，而有二英畝以上的農家，1975年更低於三成，現在已不到二成。以農業作為專業經營，而有二英畝以上的農家，實無力支出與勞工同樣的家計費，反之，以兼業為主的「零碎」農家，卻能獲得優於勞工的收入，可說是「農家繁榮而農業滅亡」的象徵。

## 四、都市的擴增

日本的都市是從德川時代的城下町，在明治以後成為縣治所在地而發展的消費都市為典型；又有明治以後成長的八幡、川崎、日立等產業都市，以及開埠以降作為港埠都市而發展，同時又加上縣治所在地而發展的橫濱、新潟與青森等地的都市。但從全體而論，本為政治中心而成為消費都市而發達的都市，加上工業的發展而使人口增加的都市較多。戰後都市的成長，類此模式仍多。

都市人口因戰爭期間的疏散而回流農村，以及戰後復員回國的人口，使農村人口遽增，都市人口則降低為不到三成，至1950年，都市人口仍不及四成。但在1953年實施鄉鎮合併之後，都市人口已恢復到戰前的最高比率，其後隨著高度成長而有大增。

在1960年之前，人口的增加主要是集中於大都市。東京、大阪、名古屋、橫濱、京都、神戶等六大都市的人口，增加了1.5倍，在總人口中所佔的比率，亦從14%增加到18%。但其後的五年，東京、橫濱

與名古屋的人口繼續增長，大阪、京都、神戶的人口增加率卻呈現遲緩的傾向。最近十年之間，除橫濱之外，集中大都市的傾向已漸趨緩和，東京與大阪反呈漸減之勢。六大都市所佔總人口的比率，從1965年的19%，降低到1975年的16%。

　　但此一現象並不表示人口集中都市之停滯。第一是因為這些都市已呈飽和狀態，與其鄰近地域的人口集中成為表裏。人口的流動，俱因避免大都市的稠密與高地價，而流入都市近郊，方便通勤的地區。這些人口使大都市的人口膨脹，就首都地區（東京、神奈川、埼玉、千葉）、中京地區（愛知、岐阜、三重）、京阪神地區（大阪、兵庫、京都、奈良）三大都市地區加以考察，人口比率年年增加，1960年所佔全人口比率的39%，到1970年達47%，1980年更高達48%，其後比重雖未增加，但現在約有一半的人口是集中於以上三大都市地區。東京都人口八百一十二萬人（1994年統計，如含郊外則達一千一百四十七萬人之多），為僅次於上海的世界第二大都市。人口百萬人以上的都市達十個之多（參閱下頁「日本大都市人口表」）。

　　第二，都市人口之趨向是人口階級別的都市人口增加，與大都市人口增加率之降低，但小都市人口的增加率反而提高。自1960到1965年，五十萬以上一百萬以下的都市，人口增加特別顯著。其後五年間，二十萬以上三十萬以下的都市人口增加最快，1970至1975年之間，則五十萬以上都市的人口增加更為遲緩，五萬以上十萬以下的小都市，卻與降低人口比率的十萬以上都市同樣的比率。這是顯示因經濟成長的產業化影響，已波及於小都市。此事當與行政都市之增加有關。1953年開始的鄉鎮合併，創造了很多包含農村地域的都市，其中多稱之為「市」，實際並未符合都市要件，不能以市區人口當作都市人口，在合併大體完成的1957年，這類「都市」超過五百零一個之多，目前已

日本大都市人口表

| 東京 （Tokyo） | 812.9 |
|---|---|
| 橫濱 （Yokohama） | 327.2 |
| 大阪 （Osaka） | 260.3 |
| 名古屋 （Nagoya） | 216.2 |
| 札幌 （Sapporo） | 171.6 |
| 神戶 （Kobe） | 149.9 |
| 京都 （Kyoto） | 145.6 |
| 福岡 （Fukuoka） | 126.1 |
| 川崎 （Kawasaki） | 119.5 |
| 廣島 （Hiroshima） | 109.6 |
| 北九州 （Kitakyusyu） | 102.0 |

單位：萬人

資料來源：1995年版《讀賣年鑑別冊》

達六百五十二個，在二十多年之間即已增加一百五十一個。自治體行
政區域的市區雖不能說全為都市，人口十萬以上的市鎮，可認定其為
都市社會。這類都市人口，在1960年代約佔全人口的四成，二十五年
後的1985年，增加為58%，都市的數量亦從一百一十四個遽增為二百
零三個。人口十萬以上的都市人口，佔了全人口近六成的比重，如加
上人口五萬以上的都市，則超過70%。

　　在形式上確立了地方自治，地方分權，但在財政上都道府縣受到
中央政府，市町村（鄉鎮）受到都道府縣的限制，實質上中央集權仍
然不變，此事使首都東京的人口集中，也使地方的縣治都市的人口膨
脹。

　　雖有類此都市成長的模式，最近都市急遽成長的主流則是比較明確的具備產業都市的急遽膨脹。尤其能源從煤炭轉換為石油的過程中，既有的工業都市之外，由於企業結合式的工業區，而急激都市化的地方亦不少。

　　由此可見都市發展的幾項特色。第一，大都市已呈現過分稠密現象，缺乏有效的土地政策，以致產生高房價的弊端，接近人口增加的極限。第二，地方的中心都市，俱見人口的增加，具有產業都市的都市人口之增加尤為顯著。第三，原有的產業都市隨著經濟成長而擴大，同時，新興工業都市，尤其太平洋沿岸帶狀地區成長更為迅速。1963年以來新產業都市的建設，使產業都市的發展，擴及於太平洋沿岸工業地帶以外的地區。其中，在建設前完全屬農漁村的地方，卻急遽的朝向都市化。

　　都市的急遽成長，與其說是既有都市地域的齊備再開發而導致人口增加的形式，毋寧說是在原來農村的地區，忽然有都市的膨脹，而以都市急遽浸蝕農村的形式為主流。

　　離開都市較遠的農村地區，人口大量流出，與都市的過分稠密狀態成正比，呈現嚴重的稀少狀態。易言之，由於都市的急劇成長，整個日本社會急速的都市社會化，農村已傾向都市化，日本人的生活亦全盤都市化。

　　戰前的日本，雖已經過三分之二世紀的近代化，但從整體來看，仍屬農村社會。杜爾(Ronald P. Dore)指出，英國在產業革命後流入都市的人們，不能適應都市生活而引起都市問題，但日本卻沒有產生嚴重的都市問題，蓋日本都市的「町內會」或「鄰組」(tonarigumi, 守望相助的鄰里組織) 集團組織，具有與村落同樣的性格，對流入者沒有產生不適應的現象。實際上日本的都市，大多仍保持傳統農村的性

格。

農村生活的責任是在各家族，社會生活亦委諸於共同體，但在都市社會裏，不必為社會上所需要的社會的、公共的制度或設施操心。戰前的日本，只一心一意追求富國強兵之道，集中於產業的發展與軍備的增強，而不必顧慮到都市生活環境之改善或社會生活的保障。但戰後的日本，由於高度成長的結果，與戰前相反，大都已成為都市社會，日本社會的體質已大為改變。

# 第四節　階層制度與群體意識

## 一、社會結構

### 1.縱系社會

#### ⑴縱系社會的特質

日本人國家觀念之強固，除了因為國土狹小，且為海所包圍，對內的意識容易趨於一致之外，另一原因是重視「縱系血親」。

日本的血統是縱式繼承，不像西歐重視橫式的關係，因此，日本很尊敬祖先，常祈求子孫繁盛，因此使得皇室成為每個縱系家庭的中心。戰前的日本，「忠」和「孝」能夠完美地配合，對祖先的崇拜和對皇室的尊崇，並行不悖。

社會學者將日本社會稱之為「縱系社會」。生存在這種縱系社會的日本人，加上國家觀念的強固，產生了二種傾向：一是易於傾向集團

化的習性，二是具有排他性。就集團主義方面言，日本社會的演進過程中，尤其是戰後奇蹟式的經濟發展，其主要原因，除了歸諸勤勉的本性之外，應推日本人社會裏獨特的集團主義團結合作的精神。

日本社會學家中根千枝指出，日本社會結構的特質是縱系社會很強，縱系的結合是指父子、師生、上司屬下等不同性質而結合關係，相對於同質者基於同質性而結合的同輩關係。如用圖形來顯示，即是無數個沒有底邊的三角形的重疊。這種縱系關係極強的集團，對外當然是封閉的，且集團裏的成員對自己目前的地位與職務都無滿足感和使命感，只有努力突破界限，爬升到更上地位的欲望，日本社會的優缺點於焉出現。在家庭、公司、學校、工會等所有組織集團中，均可以看出這種特強的縱系關係，就連工會也不是根據產業別，而是根據企業別而成立，更可以說明日本社會的雙重結構。

日本人的聰明才智並不比中國人或世界其他各國人優秀，在個人方面，作生意亦不比中國人高明，但是一旦結集成一團體時，即能發揮其團結一致的力量，這是日本商社無往而不利的主因。

中國人和日本人同樣，有集團化的傾向。但是同為集團，依地緣而形成的中國人集團，與日本人集團有二點不同：一是未臻組織化與現代化的理想，因而永遠不出同鄉的團體或操同一方言的人所組成的互助組織，保有同樣姓氏的宗族團體等的活動領域，亦未成立資本主義的企業財團。二是中國人所組成的集團是內向性，不具有對外團結的力量。內部的團結雖強，但卻不善於集合每個人的力量一致對抗外部的集團。

至於排他性，日本人自認的島國根性，就含有排他性的意味。事實上日本的歷史境遇或地理氣候的環境等因素，在在影響日本人的排他性。此由1923年的關東大地震中屠殺韓國人事件以及70年代拒收越

南難民等種種舉動即可瞭然。

(2)「家族」企業

　「家」所表現的集團特色，在大企業視之為社會集團時，亦屬常見的現象。不僅因終身僱用制度而使工作為中心的職員構成封閉性的社會集團（新進人員，一如剛出生的家族成員，或居於新加入的招婿的位置），從家居生活、職員的家族慰勞會、結婚、嬰兒的出生及其他婚喪喜宴、慰問金等的制度來看，公司的機能已及於職員家族的私生活。最有趣的是此一方向，在愈尖端的大企業，愈近代、先進的經營，愈益顯著。

　從明治時代以迄於今，日本的經營管理，一貫採取所謂「企業即人」的立場，經營者與職員乃是透過工作而締結契約的勞資關係，經營者強調兩者是「有緣來結合的關係」，被解為足與夫婦關係匹敵的人與人的結合。因此，職員乃是家族的一員，「丸抱」（marukakae,包辦一切）這一句話所顯示的並不僅是工作，而是連人也「包」在內，甚至也包含其附帶的職員家族在內。日本企業社會集團的特色，乃是它本身即具有「家族」的意義，且及於職員私生活。

(3)內外之別的意識

　集團意識對「內」(uchi)與「他人」(yoso)的意識極為強烈，甚至有「內」的人以外的都不是人的感覺，這種極端的人際關係的對比，在同樣的社會集團亦可以看到。如果是不認識的人，則爭相搶奪位子，碰到相識的（尤其公司裏的上司），則會必恭必敬的讓位。

　實際上，當日本人與自己的同夥在一起時，對外人的態度極為冷淡。如果對方較自己為劣勢時，更會表現出優越感，而公然顯現其對「外來者」(yosomono)的輕蔑。這種態度久而久之，往往表現出對離島或窮鄉僻壤的人極端冷漠、疏離的態度。對自己圈內以外的人，懷

著敵意的冷淡。

印度雖有「種姓制度」(caste) 存在，有多數的階層，但對於階層之中最下層的人，亦沒有在日本所見到感情上差別態度那種露骨的表現。

⑷「序列」意識

因共同工作的共通性所構成的集團，形成一種因狹隘的框框而閉塞的世界，成員情緒性的全面參加，形成一體感，具有集團的強烈意識，如為一種小集團，則沒有結合個別成員之間特定組織的必要，但集團愈大時，則有必要好好結合個別成員的組織，而在力學上亦必然的會形成一種組織形態。

橫系的關係，在理論上發展為階級性的種姓制度，而縱系關係的，則是以「親分」(oyabun，老大或老闆)、「子分」(kobun，徒弟)關係，或者官僚組織所象徵的連帶關係來維繫。

即使是同等的身分或資格，亦必然有「序列」(序齒) 意識。通常是依照年齡、進入公司的先後，服務時間的長短而產生差別，同樣是大學教授，因聘任的時間先後而產生升等的順序。過去的皇軍，即使是同樣的軍官，位階的不同所產生的差別極大，同樣是少尉，亦因任官的先後順序而有明確的次序。外交官的一等書記官與二等書記官的差別之大更是常人所無法想像 (外交官考試年別)， 而形成前輩、後輩的「序列」。

序齒意識在近代企業，成為阻礙能力主義人事管理的重要因素。職員的序齒一般是依照進入公司的先後 (以同一學歷為前提) 而決定。這與其說是經營者所造成，不如說是職員本身的意識而設定。

通常公司裏會有同年進入公司者「同期生之會」，這當然使公司內的前輩、後輩的序齒之分更為明確，而助長「年功序列」的結果。當

同期中的一人被拔擢時，同期者必然會眼紅而不滿，如有後輩跳躍式的拔擢，則必會引起屬下的怨聲載道。

對這種序齒意識，公司即使提出近代管理法則的能力主義，亦無施展的餘地。公司裏課長與課員的關係，絕不單純的止於組織中的機能關係，同時亦是一種人格間的人際關係，且利用這種關係來彌補橫系關係之不足。

這種具有長年傳統的「序列」意識，在日常生活中發揮的淋漓盡致。如無序列的意識，連座位都不能決定（日本房子的構造更對此具有決定性的作用）， 講話亦不可能（必然反映到敬語的優雅使用、發言的順序、量等）， 甚至連學術討論亦遵守這種序列，而無法自由的討論（集會者之中有前輩、晚輩、或師兄弟關係時）。 無論被招待到任何場合（即使是西式的房間），主人與賓客的「序列」，均是一目瞭然。主賓的旁邊是上座，入口是下座，發言的順序、份量與態度，明確的反映在座位的順序上。

內部的縱系關係可說是家族的模擬，正如父子關係一樣，課長既然不惜安排職員的一切家務事，當亦須代替屬下的雙親去做婚姻介紹人。因有這一層關係，他們在公司裏是上司屬下的關係，在私人交際時卻是彼此平等，不論好與壞，一切都變成公私不分的狀態。公司裏的氣氛好像家庭，上司屬下像父子關係，即使下班後，也有必要一起到有家庭氣氛的酒吧裏喝酒，以增進彼此的關係。

集團的構造實以強烈的縱系機能為基礎，與具有橫系或縱系、橫系兩方機能的集團，在結構上有顯著的差異。借用中根千根的說法，首先以 X 代表縱系，Y 代表橫系的兩個不同的集團。假定兩集團都是由一定數目的個人所形成，其人數則以抽象的 a・b・c 三點來表示。在橫系的 Y，三點的關係構成三角形，而縱系的 X 則成為沒有底邊的三

角形。

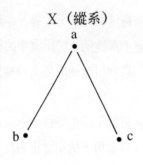 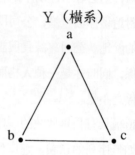

第一圖

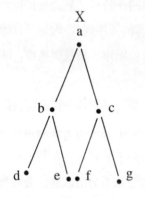 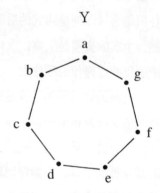

第二圖

再將兩者的構成複雜化，成為第二圖所示，更足以顯示其不同。兩者結構的最大不同，一是X的成員，只有在以a為頂點時，得以連繫全員，但在Y，則所有成員互相均可連繫；二是X的構造常向外開放，而Y則是封閉的。

官僚組織乃是經過近代化制度化的洗練，與「親分」、「子分」所象徵的日本土著的組織與原理如出一轍。這種日本式集團結構，似亦不能簡單的以其為封建或前近代而加以抹殺，其原理在某一方面來說，似亦有其近代性的一面，而具有非常有效的組織方法。

實際上，日本人之所以能達成值得驕傲的近代化因素之一，或可歸功於能充分利用此縱系社會X型的結構。此一組織結構的長處，乃是從上到下的傳達非常迅速，而富於動員力。實際上日本人的工作，使用多量如此組織化的人，而縱系連絡的好處，動員之迅速，可說是無與倫比。再詳細分析此一集團的行動，集團的意見統一較易而快速，意見的調整，正可以利用此階層制度，順暢的進行。

如有集團成員意見分歧，則在集團採取行動之前，有充分的時間討論（尤其在現在日本的民主主義盛行的時代）。其間可能有相當多的爭執，或異想天開的意見，但在遇到集團非得採取行動不可的事態之際，必然是依照集團階層的實力優先原則考量，與其居於下級者的意見，不如採取上級者的意見，而無爭辯的餘地，最後則由掌握集團核心的上司（領袖或是直屬的幹部成員）的意見決定一切。於是能在行動之前，達成集團「意見的一致」或「思想的統一」。在沒有階層的集團時，個別成員的意見，都會以同樣比重強烈的提出，在沒有邏輯的過程，而有較大的意見分歧時，甚難有集團的意志決定。因此，採取迅速行動相當困難，如遭遇不能達到集團的「思想的統一」或是「意見的一致」而必須付諸行動時，對外的集團行動力當會減弱。

以X結構所代表的日本的集團，不論其有無領袖群倫的權力，均得以敏捷的運作，實端賴此一組織的存在。

此一組織又有 a 這一頂點，因此以縱系相結合的個別人際關係直接的情緒要素強烈，理想性發揮機能時能源的結集力、動員力，當會

凌駕於 Y 之上，由此可見其集團發揮機能之強。另一方面，X 集團的短處，乃在很難發揮橫系的機能，本位主義有無數的弊害自亦不待言。依此集團的組織結構，必然由於其運動方向成為縱系，而難以調整。此一集團之能發揮機能，由於其能完全使用縱系之線，橫系的連絡與調整必然招致機能之降低。

## 2.社會的階層結構

日本人和其他國民間基本上的不同，在於對外在力量的敏感。他們通常是被動的，依賴的，這種依賴性正是日本特異集團社會的重要產物。

世界上有很多共通的社會現象，如人口之集中於都市，行政、產業方面組織之劃一化，薪水生活的中產階級之增大，生活模式之劃一化，尤其是家族形態較之過去單純化，由夫婦與小孩所構成的小家庭佔有壓倒性的比例，與乎教育水準的提高，社會福利的發達等。

社會必然會隨著共通的工業化而產生重大的變化，但個人在社會裏實質的人際關係特性，不同的社會之間仍有相當大的差異，蓋各自的社會均有其不同的傳統使然。以大企業或政府機構為例，日本雖有與西歐完全相同的組織（政府機構或公司等），但在決策過程中，會議進行的方式，相互之間或與外部折衝的方式，幾與西歐的方式不同，而採取純粹日本式的作法，甚至保留與過去農村的集會同一模式。

日本的家族主義集團，各自生活在集團的利己主義環境下，在近代卻以資本主義社會的「網路」相連繫，編入近代國家中央集權的有機關連之中，已不像近代以前，孤立分散的小宇宙單純環節的結合，並強固的結集在天皇制國家之下。但其結果並非近代的市民自主的團結，成為家族國家縱系之集中，而缺少推廣到橫系的合作關係。日本

社會的全體結構，並非是民主的。

此處以以上的階級構成為前提，分成上層統治階層、中間層、下層被支配層三階層加以論述。即以資本家階級為主體，與之相關連的大地主與政治家或高級官僚等為主的上層支配階層；中間層分成小工廠老闆與商店等中小企業或中小地主所構成的舊中間層，以及公教人員或大企業的職員等新中間層；除此之外的農民、小商人與勞工等為下層被支配階層。

成為上層主體的資本家階層，主要是具有商業高利貸的「町人」（商人）特質，據1880年代的產業界領袖二百人的調查結果，約有八成是平民，舊「町人」佔一半以上。大商人達二成，其中包含成長為財閥者。舊農民出身的超過二成，大部分卻是士紳與豪農。他們當然是超越舊社會的傳統，積極的從事企業活動，但卻不能從舊社會脫身。「町人」之中的同族組織，在大財閥之中仍然繼續存在是不足為奇的。至於政界的領導者，有九成是包含公卿大名（諸侯）在內的武士，尤其下級武士出身者，近乎四成。這些政界的菁英分子，雖具有反叛封建社會的革新性，但沒有完全與舊社會切斷關係。產業界的領導者，大多與政治菁英結合，取得公營事業的拋售或權益而累積其財富。

日本的資本主義是在近代日本中產階級舊中間層廣泛的殘存情況下，以之作為踏腳石而發展。中小企業是在大企業尚未「進出」，或在其相關領域裏，透過包攬關係，仰賴大企業的提攜而存在，因此有「母公司」「子公司」之稱，這就是日本經濟的雙重結構。

小城市的工廠老闆，以苦樂與共的家族主義的恩情，彌補工人的低廉薪資，維持家庭式工廠。大店的老闆通常均以長年「奉公」（為老闆奉獻）後獨立之際的援助為代價，確保店員獻身的低薪勞動。在農村再生產的過剩人口，不斷地向非農林業需求僱用的狀況之下，類

此家族主義的勞資關係，亦可能長年存在。

至於農業方面，佃農的立場極弱，蓋任何時間都有被收回之虞，如遇荒歉，只能求諸於地主的恩惠，以減免地租，永遠處於劣勢的地位。地主遂成為「親方旦那眾」(oyakata dannasyu，老闆大人)，為農村社會的小支配階層。他們在日本社會全體的比重，隨著產業化的進展而降低，且在農業人口佔多數的近代，得以繼續成為日本社會的支柱。

下層的民眾，為了生存而工作已感到筋疲力盡，根本無暇關心整個社會的動向，而提出意見的餘暇，因而不得不隨從直接支配者管理階層的意見，認定惟有如此是最安全的。即使他們對其生活環境抱持疑問，採取相應的行動，卻由於管理層的存在而被阻。委身於家族主義的結合，依本分而行動，乃是他們處世之道。而且他們從未意識到與上層支配階級之間的利害對立。蓋產生如此意識，意味著將會被排除於他們所隸屬的地域社會或工作場所。對被支配階層的民眾來說，巨大的社會動向，可說是自然的形勢，實無如之何。加之於他們身上的人為災害，有如天災一般的感覺。長期被欺壓的人們，從來不敢想像改變時世的大勢，如此的想像，必然被冠上危險思想，與民主的批判或議論是無緣的，連多少作些思考都感到是重擔。一直保持對政治漠不關心的舊有傳統，作為被統治者而順從，對他們來說是較為輕鬆的。

日本的近代化，以富國強兵為目標而在統治者的意願下進行。產業界的菁英，透過政治的菁英，與官界結合，強迫屬下「滅私奉公」，在國益的名義下，追求企業的私人利益，推進產業化。依據農本主義的意理，使農民的犧牲化為正當，對於從農村流出的勞工，強制性的以極低的薪資僱用，甚至可以將社會政策的費用轉嫁到農家。前近代

的社會結構，允許類此的剝削，在大多數群眾的犧牲之上長期累積，始能促使大日本帝國躋進世界強國之林。

## 二、階層制度與群體意識

### 1.階層制度

　　日本人對於階級或地位認為是當然且是自然的，他們對人際關係或所屬集團，乃是基於上下關係為當然的大前提之下所組成。日本社會的階級意識相當明顯，在日常生活中更是表現無遺。不論一個人多麼成功、顯赫，比他先畢業的「前輩」(senpai)，永遠排在他的前面。

　　大部分的集團，都是沿襲著傳統家庭的舊態，何者為首，何者為追隨者，均極明顯。即使沒有像教師與學生，老闆與一般員工的上下有別，但仍然以會員資歷、地位或年齡之類的形式，形成階層結構。

　　其所以尊重階層的理由之一，無疑地是由於長久的世襲權力以及貴族、武士等統治的歷史。日本歷史的主要特色之一是階級差別，世襲的權威與貴族的特權，尤其以近代以前為甚。皇室的歷史實為典型的例子。

　　皇室的歷史可以追溯到 5 世紀，爾後成為國民統合的象徵，一直到近代，至少在原則上，乃是賦與權力合法性的存在。到了7、8世紀，日本人開始吸收隋唐文化，借用中國的官僚行政制度，但並沒有採取科舉這一由教育、考試形式，採用官吏的方式，甚至一切又回歸日本的原狀。亦即所有地位或階級，都應根據出生、門第來決定。嗣後支持日本封建制度的支柱一直是世襲的權力，這種情形始終未變。

　　及至德川時代，統治階級武士之間，更形成截然不同的幾個階層。

甚麼樣的武士應享受甚麼樣的權利或如何行動，都有一定的規範。易言之，武士的職權決定於其出身階層的高低。雖然有時亦有例外的拔擢，但原則上，德川幕府二百五十餘年的統治，可以說是世界上無與倫比的嚴密而具有壓抑性的世襲制度。

連藝術領域亦依循世襲制度而運作。一切藝術上的技術也當作秘傳，成為父子相傳的對象。繪畫或舞臺藝術也基於世襲制而有派別之分。但師匠與弟子之間的關係幾近父子關係，而且「養子緣組」（收養）的制度相當寬鬆，因此，有才能的弟子卻也能由此得繼師匠之名，而傳到後世。

日本社會還仍保存這種根深蒂固的，傳統的世襲權威。例如茶道或「生花」（ikebana，插花）等技藝，還是以家元（師家）制度為中心，迄今仍毫無鬆弛的組織，而最高的權威傳承，仍實行世襲制。

階級的不同或世襲而來的權威如此的強韌，且其存續時間很長，因此階層被視為當然，社會地位的確也是很重要，但現在日本社會的階級意識卻很薄弱，具體的階級差別已很小。

其實到了德川時代的末期，人們對於世襲制度所造成的僵化已感不滿，到了明治時期，日本人毅然拋棄了世襲制度。不僅武士內部的差異，武士與其他階級之間的區別，在短期內即被袪除殆盡，連戶籍上的士族這一身分，也成為歷史的名詞。

歷經這一大變動的舊士族，卻有很多仍能鶴立雞群，近代日本的菁英分子大多為舊士族出身。根據統計，在 1930 年代的知識分子中，約有一半是舊士族。即使到1960年代末期，仍佔五分之一。但舊士族大部分卻因無法適應新的時代，急速的降為平民。這種沒落的速度遠比歐美的舊封建階級迅速，其最大的理由可能是16世紀末期至17世紀初期，統治階級的武士已失去了農地的支配權。

　　封建時代的貴族武士階級，在日本已絕無恢復的可能，且自1870年以來經過幾次的土地改革，日本的農民已逐漸擁有自己的土地，隨著時間的演變，士族與平民之間的差別已失去意義，士族這一身分已完全消滅。一些皇族公卿，德川時代的諸侯，明治維新之際的領導者，在1884年時被封為華族，並在新設的貴族院擁有席位。其後華族雖享盡榮華富貴，但到第二次世界大戰戰敗，經佔領軍明令廢止，遂永遠消失。

　　即使沒有貴族，法律上的階級差異，或階級的差別卻仍然存在，只是日本人對階級差異的意識不強。日本人所強調的集團意識與階級意識方向不同。日本的集團與印度的種姓制度(caste)不同，它是由各種不同機能或地位的人所構成，並非由同一的機能或地位的人所組成，唯一的例外是所謂未解放部落民。

　　相對而言，日本可說是無階級社會，此由其階級間的語言差異較少即可以瞭解。當然，偏僻地區教育水準較低的人，似乎可以明確的指出其語言的差異，但不像英國階級差異之大。

　　明治維新前後，日本的階級或世襲權力差異之大，遠甚於英國人，但僅經過一世紀，即能成功地較英國更為徹底的縮短差距，其主要原因除了日本社會集團性的特徵之外，應歸功於有計劃的啟蒙與教育的結果。

　　雖然如此，階層意識仍根深蒂固的存在於社會各層面。日本可說是分成無數的集團，而各自由複數的階層所組成，學者指為「縱系社會」即此之意，而與美國「橫系社會」結構不同。這類垂直的「縱系社會」型的結構，無論是政府機關、企業界等各種組織的團體都是共通的，如工廠的工人，除了部分幹部自始即以高難度的考試獲選，而享受較高的薪水之外，決定工人薪水、地位的是年齡與年資。這就是

上文所謂的「年功序列」。

## 2.社會性格及其特質

隨著資本主義經濟的發展，人類當然不能一直停留在封建時代。
經濟的基礎構造的變化，使村莊與城市的共同體性格淡化，而改變了
社會結構。明治初年自由民權運動挫折之後的天皇制教育，無論其如
何培養忠臣良民與盡孝的兒子，仍然有其極限。受到貨幣經濟的合理
性影響，多少亦體會到合理性，而不能壓抑個人主義的萌芽，共同體
的強制之中，擬在近代初期原原本本的保持以保甲制度共助的公而忘
私的美風，已不可能。近代企業的勞資關係，更難維繫過去親方
（oyakata，師傅或頭子之意）與徒弟的關係。

在戰前的日本社會，雖只是少數，卻也有工會的組成、罷工與農
民運動。這已顯示家族主義的社會關係共同體拘束力之弛緩，舊中間
階層與被統治下階層之間的結合減弱。但類此動向，卻非日本全體的
大勢，蓋其被權力所壓制。

在第一次世界大戰前後，盛行一股民主主義風潮，這在當時的日
本社會亦甚囂塵上。民主被譯為民本主義，稱之為大正民主時代，但
其精神基礎卻極為微弱。家族主義的共同體雖減弱，卻仍廣泛的殘留
於整個日本社會。

雖然如此，日本社會的弱點，直到戰敗之前並未暴露出來。日本
甚少發生反戰運動，頂多在被轟炸的焦土之中，出現極少數促進提早
結束戰爭的動向而已。可見日本的社會，在舊的前近代不民主的結構
與新的機械文明連結方面，大體上是成功的。即達到獨佔階段的大眾
社會狀況，在其「現象」之前所展開的社會，仍然得以將閉塞的地域
社會或工作場所停留於前近代的階段，以之為基礎而組成的結構仍然

根深蒂固，乃能藉天皇制國家的強制性，加強宣導忠誠的意理，阻止全體社會結構的動搖。這正是日本社會的特質，亦是大日本帝國的本質。

近代的日本人，無不在「家」與「村莊」之中受到「人格形成」的影響。為了家而奉獻的觀念，雖因階層的差異而有別，但已成為正統的觀念而強烈的支配著家族生活。在家族內，通常所期待的是依據身分秩序行動，如有超越「家」的容許範圍，或威脅到家的存活，則任何要求均一概被壓抑，即使是屬於人類正當的需求，亦須拋棄；即使是無理的要求或決定，家族亦須絕對服從，視之為家族道德的孝行而強制執行，藉此以保持家長中心的「和」。

這些家在共同體的村莊與城市之中，位居各自的「家格」（門第）階層之中，孩童不僅在家族內守分，在自己的家亦須依其身分相應的行動，不得越分。由於身分階層的序齒，父母雖祈願自己的孩童能上更高的社會階層，對多數的孩童而言，「立身出世」（發跡）的可能性是微乎其微，因而普遍有「看破」今生今世的宿命論，而過著安分守己的生活。

進到學校後，又在重視修身教育的學校教育的環境中，再加強以上的性格，接受臣民的陶冶，成為社會的一分子。此際，對家族經營農業或小工商業者，有必要順應在其生活的地域社會各自的身分階層的秩序。他們得依本分行動，尊重共同體「和」的氣氛，極力壓制自我的意識。

重視和的人，在其行動之際，具有順應大勢主義的特質。對日本人而言，最安全的一條路是跟著大家已踏遍的「慣習」途徑。即使是依據理性或良心，如其行動會招致孤立，則不敢逕自採取行動，絕無對已成「慣習」的行動加以批判的勇氣，這正是傳統的保守性格不能

祛除的主要原因，也是消極無為的行動原理。

一般的行動模式通常都是依身分的上下而安排，對上的劣等感，卻由對下的優越感得到補償。「不看上，只要看下」的教訓，乃是對上的卑屈與對下的傲慢互為表裏。在此情況下當不會產生尊重人權的意識，即使被侵犯亦敢怒不敢言。在這種身分階層意識與權威主義的生活態度之中，就會出現忍讓的人。在身分階層的秩序之中，以權威主義的支配從屬懸為生活信條時，如無「上」的命令，就不能行動，反之，在這種權威達不到的地方，就成為徹底的放任主義而為所欲為。這以戰前皇軍的行動模式最為顯著，其實這也是日本社會一般的特質。

無論如何，這類行動的基準，不在其本身的內在，而是外在的法則，由此可見日本人的道德乃是外在的道德。日本人的行動準則是依據他周遭人們的想法，以體面或義理為第一要義。在封閉性的共同體可以典型的看出和的氣氛之中，偏重於因習的醇風美俗，辨別自己的身分，順應權威者的命令，成為處世之道。批判大勢而抵抗權威，向長官申訴意見，指正錯誤的行為，會被認為是社會秩序之敵，必然遭致反感或被排斥。

一般認為社會是不按道理而行，生活亦是受命運支配的宿命論。缺乏自主性的行動，時常屬於屈服於既成事實的形式，以周遭的環境作為迴避責任的藉口。行動的基準繫於聽從外面的人，且又不知如何抵抗長上，當不會產生責任倫理。為此，一切責任推給天皇一個人的天皇制國家，甚至連最高的領導者，亦適用此一不負責任的邏輯。依此推論，作出天皇沒有責任，而歸咎於君側或「軍部」，以迴避戰爭責任的結論。在天皇制專制國家的近代日本，所有統治者或領導者，在各自的集團內，均以小天皇而行動，甚少對自己的行動，負起主體的責任。

　　這種生活哲學本身並無一貫的意理,給予意理支柱的是家族主義。
這是強調比海更深,比山更高的無限的「親恩」, 而要求絕對服從的
孝行倫理作為出發點。壓抑個人的自我,為了「家」而進退,服從家
長的命令而行動,如可能立身出世而報答親恩,實為日本人倫理的起
點。在家族國家的國度裏,作為忠良的臣民而百依百順,聽從「大御
心」(天皇心意)的旨意,以尊皇愛國的至誠報答皇恩,乃是至高無
上的忠義。

## 3.群體意識與集團主義

### ⑴群體意識

　　日本人的群體意識與個人在群體中, 甘於奉獻、犧牲、合作的精
神為其特色。日本是一個集體性的社會,這種概念對理解日本有幫助。
但是這種集體主義到底如何發展而來, 日本的集體主義和中國的個人
主義適成一顯著的對照。

　　日本是以人類社會的常態出現, 從本來部族社會的集體傾向體系
中, 直接發展出現在的日本社會,另一方面, 意識形態上卻已向個人
主義社會發展。

　　日本讓原來的集體主義價值觀繼續發展和形成, 以強化社會的約
束力量, 忠誠、義務、服從等價值在日本社會裏, 轉變為義理、感恩、
忠孝等觀念, 愛情和寬容或人情和寵愛,成為社會情感的潤滑劑。讓
個人埋沒於集體之中, 具有重要的意義。個人若為所屬集體帶來傷害,
就必須由權力或法律來處理。這種價值觀的發展所必須的手段在現實
中也很重要。由於受中國文化教育觀的影響,教育國民也以集體主義
的價值觀為手段。從四十七義士到神風特攻隊, 忠誠和服從的故事,
讓非思想體系的社會組織成為思想體系的社會。

　　從日語的表現上即可顯示日本人猶豫不決的個性，他們怕「樹大招風」。 不脫離同伴，咸認與人打成一片才是最大的幸福。假若我行我素，就好比是「一匹狼」而已（在歐美，意指充滿勢力和策略的人；但在日本卻是指行徑怪異不合群的人）。

　　想要和身邊的人連繫感情的心理動機是人際關係的基礎，而且這種心理動機支配著日本人的生活和社會。在就職時，必須自動的歸屬此一集團。就以大企業而言，必須利用公司的福利設施，加入健保團體，在公司的宿舍生活，參加社員旅行等，讓社員有歸屬感，而很少發生解雇員工，或社員辭職的問題，這也是所謂終身雇用制度。這種企業的終身雇用制度是明治以前主從關係的延續。

　　日本學校的情形也是一樣，唯一和企業不同的是，在這裏助長集體主義的傾向並非基於經濟上的理由，但是入學時可以看到他們都會自動的加入社團。

　　日本海軍上將東鄉平八郎在日俄戰爭中對馬海峽一次對俄海戰時，發出一項要求說：「皇國的興亡在此一戰，願我輩效命」。在日本人眼中，個人對國家的責任是無限的。不論成敗，功勞或屈辱，都是屬於整個團體的，因為個人表現的優劣關係著團體的得失，而不只是個人的成敗而已。

　　集體責任感一方面鞭策日本人努力工作，一方面限制了個人主義的發展。日本最重要的特質就是他們的工作都是在得到團體的同意下進行，因為他們注重和諧，厭惡人際間的對立，這似乎是一種缺點，卻也是力量的源泉。除了極少數的例外，一個能力超群的人可以為其所屬的團體獨自決斷以外，通常均須由所有的團體成員一再審慎考慮商討之後，才由集體決定。雖然每一個人都有發言的機會，但在討論過程中，絕沒有一個會公然的表明其立場，即使有爭議，也只是含

蓄地，暗示性的表達出來，而不會直截了當的表明。雖然這種方式有時是瑣碎而費時，但由於每個人都有表達的機會，一旦付諸實施時，事情的進行必然較為順利而快捷。日本人一方面重視團體意識，儘量花費較多時間取得大家一致的協議，一方面則期待確保集體的生存與幸福。

(2)集團主義

日本與歐洲先進國家，在現代化的前期階段都有共通的封建制度。封建制度的一大特徵是尊重門第與家世，因此，家徽的使用極為發達。西歐與日本並無互相影響，但都有發達的家徽。中韓雖亦尊重門第，但只有「族譜」(詳載幾代甚至數十代以前祖先的名字)，而沒有家徽。

如同家徽是表示一家的名譽，工匠亦有「半纏」(hanten，不帶翻領的短大衣)。「半纏」是由「像斗蓬的罩衫」的葡萄牙文而來。家徽出自門第的歷史與血緣意識，而「半纏」則象徵一群工人的技術與工匠的責任。只要穿上「半纏」，個人就不只代表他一個人，而受到團體的拘束，「半纏」的榮譽也就成了本身的榮譽。工匠的高超技術、悠久的歷史、嚴格的責任感等，都刻劃在「半纏」上。

商家的「暖簾」(noren，寫有商店字號，掛於門口的布條，如同招牌)，與「半纏」的功能同樣，都是象徵性的東西。穿上「半纏」的工匠，正如同帶了徽章的武士，代表其所屬群體的名譽與地位。「暖簾」則是商店的象徵符號，商人為維護這塊「暖簾」的信譽，致力發揮其才能與信用。商店失火時，保護「暖簾」的重要性，不亞於軍人之保護軍旗。家徽、「半纏」是塑造日本歷史與社會的特性，個人受「徽章」的影響，促使他與集團同質化，整個社會就依靠徽章的名譽，維護集團的秩序。

現代的「徽章」在大公司三井、三菱等已成為企業的標幟，別

在每個職員的領子上。「徽章」成了集團所製造商品的商標，諸如SONY, SANYO, NATIONAL, NEC, HITACHI等。武士為了保護「家徽」而戰，工匠以維護「半纏」的信譽而工作，商人則為保「暖簾」而守信。現代的公司職員，對此傳統已不如過去之自豪，但仍受到具有「徽章」、「半纏」或「暖簾」象徵意義的商標名譽所鼓舞、拘束，很難脫出這種徽章的人生。沒有徽章的武士，就成為浪人，勢須單槍匹馬度過苦難的人生。

日本人集團主義的形成主要就是依靠這種徽章文化，由於徽章文化之根深蒂固，因此，一旦脫離集團即無法生存。日本人不能落單，孤獨時即會感到不安；但進入集團、佩上徽章之後，就會感到平靜。因此，出外旅行時，總是聚集在領隊或導遊的旗下，有如軍隊指揮官發號施令的行動，井然有序。

家有家徽，而國家的徽章就是全國的旗幟（日章旗），天皇就是日本國家的代表。日本的天皇與其說是自古以來的政治中心，毋寧說是結合全體國民的最高象徵。

在日本，人際關係有如同心圓，認為自己有如洋蔥，由裏向外層層的包圍。最靠近自己的是家人和親戚，其次是鄰居、同學與同事，最外層則是和自己不相干的人，甚至和外國人沒有什麼兩樣，彼此之間完全沒有關懷，往往被視為「他人」。

日本民族具有強烈的團結上進心，群體觀念強靭。這種「忠誠群體心」是促使日本經濟發達的重要原因之一。日本人的一生可說是各種不同的「歸屬團體」。日本的社會長期以來形成的倫理，並非以個人為本位，而是個人生活在各種集團之中，個人屬於不同集團的一員，因而形成日本人的集團習性，集團意識特強。在每一個集團之中，上下的地位關係極為嚴明，每個人必須按部就班，依年功序列的升遷，

甚少躍級越進的可能。

　　小團體主義可以超越法律。在日本，人與人之間都劃分為各種集團，每個人都歸屬於各個集團，「我們的」與「他們的」之間的界線極分明。從進托兒所、幼稚園起，一直到小學、中學、大學或進入社會工作部門，個人即屬於這些團體，即使離開後，還保持親近感和歸屬意識。同一單位出身的，幾乎都參加該單位的聯誼組織與活動。

　　成年後到公司就職，更是意味著自動歸屬於這個集團（可享受醫療、福利補助、文化娛樂等，且因年資愈長，工資愈多）。這種生活歸屬意識使員工不想離開企業，企業也不願意輕易解雇，於是產生所謂終身雇用關係，從而產生對本企業（或公司）忠誠的小團體主義思想意識，這是歐美國家罕見的。事實上戰前也很少這種終身僱用制，僅在第一次世界大戰後的化學工業中存在，而在第二次世界大戰結束後到50年代期間也很少見，但在60年代經濟高度發展後，從大企業開始，並擴及於中小企業。

　　其原因如從經濟上來看，由於企業的大量發展，大批來自農村或剛從學校畢業的人組成新的勞力，企業就得花費時間與金錢，訓練其成為熟練的員工，當不願意輕易的讓這些勞力資源流失，造成對本企業的損失，因此，採取種種措施，以圖穩固。於是依據其服務時間的長短，作為發放工資、退休金、低價出租或出售房屋的基準。從政治上看，戰後民主運動的發展，使政黨或社團空前的活躍，而這些政黨或社團都是按照各行各業及各企業公司，依照單位組織起來的，如此更加強了員工對企業的歸屬意識。

　　在小團體主義思想的指導下，一般員工都有愛廠、愛企業、愛單位如同愛家的表現，這是資本主義社會下擴大的個人主義，其出發點是為自己，蓋為小團體出力，也等於為自己，為了自己才努力工作，

至於其他的人與事，則一概不關心。連小團體內發生違法犯罪事件，亦可一概不管，甚至對上司的違法活動，更是不聞不問，且認為是家醜不可外揚。有謂「日本人對認識的人給予最大的方便，但對不認識的人，則既不講信用，也不表任何關心」。

日本家族團體裡，個人必須為團體犧牲自己的權利和自由，但也受了這個團體之中得到非日本社會無以享有的其他權利和自由，即從團體中得到被體諒的心理自由，也可以享受家庭溫暖中「小孩子」的自由。

友誼關係的建立也是其中重要的一環，很少人脫離自己所屬的團體，向外去尋找朋友；一旦沒有所屬的團體，就會陷入孤立而令人窒息。因此，在這種團體裡，可以看到許多不可思議的親密關係。

歐美人士頗讚賞日本人的禮貌性稱呼，但是對團體之中用綽號或對小孩子加上親密稱呼的用意就不太能瞭解。英美在會議上稱對方的議員為「閣下」，而日本的議員則稱自己的同僚為「君」(kun)。

歐美人士認為必須保持個人完整的存在，集體的行動或太情緒化，都欠缺個人的完整性。但在日本，個人的完整性，要在團體中展現。因此，日本人大都是附屬於某一個團體的成員。

集團主義的自由性格，從日本作家、評論家的文章中可以顯示出來。作家有如直接面對讀者一般，直接將自己的理論表現出來。

另一方面，日本勞工組織在進行遊行示威時，可以看到歐美所沒有的放縱，為了爭取調薪或勞動條件的改善，他們在公司的大門張貼謾罵標語的旗幟或海報，甚至圍堵經理辦公室，不讓經理進出。還有更令人驚訝的是，校園裡有圍毆老師的學生、對政治家人身攻擊的暴徒，以及為抗議社會，企圖自殺的理想主義者。

無論如何，在集團主義的組織裡，如果行使暴力將會遭到譴責，

也就是說，遊行示威的隊伍及暴徒將成為犧牲者。

⑶重視集體責任感

日本人眼中，個人對國家的責任是無限的，不論成敗，功勞或羞辱都是屬於團體的，個人的表現優劣，關係著團體的得失，而不只是個人的成敗而已。

日本人憎惡人與人之間的直接對立，為了避免這種情況發生，儘量在團體意見一致的情況下進行工作，雖然這是一種缺點，卻也是力量的泉源。

集體責任感一方面鞭策日本人努力工作，另一方面則限制了西方人極為重視的個人主義的發展。日本人最重要的特質是永遠在團體同意的原則下進行工作。在他們眼中，犧牲團體利益以獲得個人的滿足，或是罔顧團體存在而過度強調自我，都是不可原諒的滔天大罪。除了少數的例外，一個能力超群的人，可以為其所屬的團體獨自作決定之外，一般情況下，團體的決定必須經由所有成員一再審慎考慮之後，始由集體最後商定。

這種協議的方式，稱之為「根回」（nemawari，即挖根之意），取意自盆栽中種植小樹時，必須仔細修剪小樹根，以奠定以後成長的形狀。在整個過程中，沒有人會公開表明其立場，如有爭議，一定是含蓄的，暗示性的表達出來，不會直截了當的說出來。

「挖根」的最大好處是避免和他人發生直接對立的衝突。它是一種瑣碎、費時間的程序，蓋在談判時，往往使人搞不清楚對方的真正意圖，而其最大的好處是在徵求每一個人同意的過程中，每個人對這件事都有相當的瞭解。因此，一旦決定付諸實行，事情就會進行得非常順利而快捷。

日本人一方面重視團體共識，花很多時間求取大家一致的協議，

另一方面他們的心底卻只有一個共同目標，即確保其集團（部落）的生存與最大的幸福。

　　日本的官吏能幹型的多，責任感重。無論是銀行裏的行員，公家機關的公務員，和其他國家各個行業的職員相比，日本人處理事務的方法是腳踏實地，以其很少貪污瀆職，行政能力好而稱著。日本的公務員比起尚在開發中的國家，物質待遇較佳，且因實施終身雇用制，生活有保障，所謂「倉廩實而後知禮節，衣食足而後知榮辱」。雖有極少數「領乾薪」(gekkyu dorobō)，但畢竟屬於少數。大多數的公務員都奉公守法，努力完成自己的任務，這應歸諸日本人傳統的守法精神。懼怕「政府官廳」的日本人，傳統上一直是被教導成遵守法律、規則、契約與約束等。在如此守法觀念上孕育成長的日本人，「履行份內的義務，完成份內的工作」，就自然地成為行動的準則。

　　⑷國家觀念

　　過去皇家軍人灌注天皇中心的人生價值觀，在臨死之際，會高唱「天皇陛下萬歲！」可見其狂熱的尊皇主義者，天皇國家史觀之根深蒂固。

　　日本人傳統的國家觀念，經過明治以來推行的天皇國家史觀的教育，曾發展至巔峰。戰前義務教育的教科書裏，多少含有忠君愛國的成分。因此，使得國家觀念已經非常強固的日本人更變本加厲，致使國家主義更加狹隘。

　　中年以上的日本人，即使有程度上的差別，但都會帶有國家主義的意識。但在學歷高的人或生活水準高的人，以及青年人之中，這種意識則較淺薄。蓋有不少人都抱持個人主義或虛無主義的主張。相對的，平民百姓卻普遍具有很強的國家意識，他們無不以此生為日本人為榮。

　　據一位作者記述以下一則故事：有一次在「錢湯」（sentō，公共澡堂）， 一個三、四歲的小孩不小心滑倒而哭泣，在旁邊洗澡的一個工人模樣的父親，馬上厲聲喝斥：「哭甚麼，你不是日本人嗎?」於是這個小孩懾於父親的威嚴而停止哭泣。這句話卻蘊含了日本人強烈的國家意識。即使不是受過甚麼特別的教育，或具有國家主義或愛國主義的意識的人，仍會毫不遲疑地衝口而出「不是日本人嗎?」 這一句話，可見即使在平凡的工人潛意識中，似亦帶有身為日本人的自覺與驕傲。

## 三、人際關係 —— 禮儀

　　日本語中的敬語，從上對下的關係加以細分，並非使用敬語就是最好的，往往還是瞧不起對方時才用的。為了表示雙方的友好關係，既不失禮節，又不虛偽的表現，確實必須用敬語。一旦締結了友好關係，就必須以禮、回禮、贈答等回應，以維繫這份關係於不墜。除了樂於和身邊的人交際之外，日本人亦盡量避免大肆招搖。

　　有謂：「中國文化是根據道德的價值，而日本文化則是根據美與感情。」 亦適用於人際關係。不只是人際關係，對於重視具體感覺甚至抽象思考的人而言，肌膚不同，遠較思想體系不同來得可怕。

# 第五節　家族制度

## 一、家族的封建遺制

## 1.日本家族的特質

　　都市的家族與農村的家族有很大的差異，甚至因職業不同，家族的性格亦異，或是在同一條件下（在同一都市裡，同樣職業的家族），因階層之不同而各異。因此，只能以大多數的農民為中心的家族為範例，一方面與近代家族作一對比，並與中國的家族作一比較。

　　通常所謂近代家族乃是由夫婦與未婚子女所構成的家族，孩子一結婚，即自組一新的家庭而自立，這是第一種家族；第二種家族是日本式的家族，即繼承「家督」（嗣子，家長身分）的長子在結婚後，仍與父母住在一起，未婚的兄弟亦同居。但未婚的弟弟一結婚，即另組一新的分家。採取直系的嫡親繼承制，因此稱之為直系的家族；第三種是旁系親族結婚後仍留在家族之內，為「同族家族」，或稱之為「大家族」，中國的家族大抵屬於此類。

　　日本的家族最大的特徵是直系的家族，這種家族乃是透過祖孫，由過去一直連續繼承。此時，「家」是一個社會單位，亦即家族外部的社會，家族在社會上的單位，這在日本是以直系的繼承為主。「家」較之成員個人為重要，為了家，即使忽視個人的人格，亦是理所當然，於是產生「家柄」（iegara，門第或家世）、「家格」（門第）、「家名」或「家風」。「家」既然是超越個人而存在，因此，與現實構成的家族(family)視之為另一存在。易言之，即使是單身個人，仍被視為擁有一「家」。

　　「家」的基本構成要素並非長男的夫婦與老夫婦同居，或家長的權力結構，所謂「家」乃是生活共同體，以農業為例，則是經營體，構成此經營體的「家的成員」（很多場合是家長的家族成員，包含家族成員以外的人），亦即明確的社會集團單位。媳婦或養子等成員在

「家」集團內的人際關係，比諸兄弟、姐妹更為重要。

在這種「家」裏，已嫁到別家的親生女兒，比諸從外面來的妻子、媳婦，不具有重要的地位，連同樣血親的兄弟，一旦出去自成一家時，已有「他家」之人的自覺，另一方面，本來是完全外人的養子，卻立即成為「家人」，其重要性超過已成為別家的血親兄弟。這與印度社會強烈持續兄弟姐妹關係（基於同樣雙親所生的資格共有性的關係）的強烈機能，一直到死的情況實有天淵之別。

### 2.家長權

繼承「家」的家長地位，自有其權威，家長擁有很大的權限。支撐家長權的，當是家產，亦即支配家產的家長，自然擁有對家族成員權威式的統制力。於是產生被家產所束縛的家族成員，對家長的恭順關係。可見家長與家族成員之間，產生了所謂封建的主從關係。

中日兩相比較，日本的家長權，實大於中國。蓋中國家長權，只是限於與父權成為一體時，才會強大。如旁系的尊長為家長，則家長權當會減弱。但在日本，長男繼承「家督」而成為戶長時，次男或是三男仍得承認長男的家長權。蓋在家族意識方面，日本與中國不同。日本「家」的財產是連續性的繼承，祖先遺產的意識很強，而中國則認定遲早會均分，在分產以前，同輩兄弟之間已有潛在的持分的想法，這就是中日兩國家庭制度的最大不同。

## 二、農村家族與社會

日本的家族制度是繼承直系的所謂「家」的家長式家族制度。家族生活對人們的生活具有重要的意義。易言之，家族對人們的拘束力

非常之強，尤其以農村為最。

從社會學的考察，一般所謂家族，乃是直接生產者的人們，從生產手段分離，亦即生產的機能在家族以外的地方從事時，家族所有的機能乃減少。因此家族集團拘束人們的力量相對的減弱，家族生活在社會中所佔比重亦減輕。但在日本農村社會，家族依然是生產集團，與都市的勞工或薪水生活的家庭不同，並非只是消費集團。結果，人們生活的大部分，仍以家族的集團為舞臺。因此，農村社會乃至家族的性格亦不得不停留於近代以前的形態。

家族既如此的重要，則構成日本社會的單位並非個人而是家族。這在農村尤其顯著，住在農村的人一旦離開家族，根本無法生存。

近代社會乃是人們從家族或村落等為基礎的社會集團解放，形成所謂「協會」(association)的集團而成立。但在日本，並沒有形成如此的近代社會，個人的自由亦未確立。從生產手段的分離來看，勞工或公務員（薪水階級）的家族生活，應日趨近代化，家族生活的比重日趨降低，但由於家族生活本身的貧乏，要維持其生活已是捉襟見肘，因而妨礙近代家族的形成，於是如同農村般的出現非近代的性格。這是日本社會的特性。

## 三、長子繼承制度

明治維新以前，日本社會實行長子繼承制。為了家族代代相傳，永不衰退，強調家產必須集中，一個家族只能有一個繼承人，就是長子。長子成為家長之後，其弟妹等便成為家族內的隸屬者，其地位雖非奴僕，卻要和奴僕一起勞動，同樣吃穿。他們永遠不能成為家長，只能自己墾荒，另立門戶，或嫁到別家去作媳婦或女婿。這就是日本

以姓氏為中心的家族制度。

　　值得注意的問題在於家的繼承，即長子繼承「家督」。在家產的繼承方面，也是長子概括性乃至優先的繼承，長子繼承可說是封建社會體制所產生的遺制。這種封建繼承制度，是在經濟基礎惡劣的物質條件下決定，藉明治民法所規定武士的儒教家族制度來維持，加上重視家的意識形態，而在教育方面亦特別加以加強，一直遺留到現在，可說是封建遺制最顯著的一面。

　　中國的家庭由於財產的均分，祭祀的繼承較受輕視，與日本家族之著重祭祀繼承成為顯著的對比，更無日本式的養子制度。

　　明治維新以後，弟妹們雖可以從長兄分到部分的財產，但家長仍然是長子。農民分家後，原來的家長稱為「本家」，分出去的弟弟們稱為「分家」。父母為維護家族的利益，總是要求分家幫助本家，共同維繫家族的興旺。自由職業增多後，出外謀生者主要仍是弟妹們。

　　日本的家族原則上是長子（只有女孩子時是長女）迎娶新娘（或招婿），這對新的夫婦與雙親、祖父母共同住在同一家庭中。因此家族的重心，並非夫婦關係，而是親子關係，家長權強的直系（嫡系）家族，成為日本社會的構成單位。

　　這種直系家族型的家族，不單作為家族，且被認為是「家庭」。這種家是連續的直系實體，次子、三子則因分家而另立新家，這些分家亦如同其分出的本家一樣，其後亦由直系長子繼承。繼承「家」或家長地位，而任「家督」的，一般都是長子，隨著家督的繼承，家產或家業亦優先而整個的為長子所繼承。

　　長子繼承制乃是「家」制度的具體表現，這是基於封建社會體制之下所構成。韋伯(Max Weber)指出，最具純粹意義所成立的封建體制，只有歐洲與日本，由於封建制的確立，日本雖處於亞洲，卻形成

與中國、印度等男子均分制不同的長子繼承制。農工商等庶民階級，並非不可能分割家產，但當局為了確保年貢（地租）徵收，而有未達一定以上的農地，不許分割的「分地限制令」，實際上農家亦有分家。武士的繼承制度，適合家業家產的維持，且及於庶民的繼承。

明治政府不僅延續此一前近代的傳統繼承制度，且予以加強。明治民法在家族法上，以武士的家族制度為典範。一部分地方雖有自長子以次依序離開家，由老成兒子繼承的「末子」繼承制度；在生產力較低的地方，長子的出生較遲時，亦有長女迎婿（養子）而繼承的姊姊家督。但明治民法制定後，長子的繼承家督制度，普及於全日本。

此一「家」庭制度，與明治以降的產業化有很大的關連。急遽的日本產業化，歸功於德川時期藩校或寺子屋（私塾）教育的累積，及明治維新後義務教育的普及，但無疑的，長子繼承制則提供了合乎產業化的人力。

德川時代的身分制度雖被否定，身分階層制的意識，卻仍殘留於華族、士族、平民之別的近代日本，其後亦長久的存在。德川時期的身分階層的界限，如與印度的「種姓制度」(Caste) 相比，極為鬆散，明治以降大體成為四民平等，廢除身分階層的封閉性，但仍殘留身分階層意識，因此，為了光宗耀祖，立身出世的志向轉趨強烈，提高階層地位的欲望大為提升。這點對日本產業形成有利的因素。

「家」具有超過現在構成的家族成員集團家族的意義。被認為住家的「家」或家財，為了取得家業的生產手段，連祖先埋葬的墓地都包含在內，甚至是從過去到現在的總體，在村莊或街上有一定的階層地位。家比此家中現實生活的家族成員個人更為重大，為了家，毋寧忽視、犧牲個人的人格亦屬當然。

重視直系連續制的家，繼承此家的家長，自當賦予權威。家長權

相當的強。家長權之權能，不僅限於個人財產，且及於家庭中每一成員的勞力負擔與分配。從事家業所得，全歸諸家長的私囊。家族個別的勞動貢獻度，在家族一體的勞動之中實難估算，作為家產的生產手段，以家業從事農業、商業、手工業取得的所得，卻歸個人所得。一手掌握家業經營所得的家長，在消費生活上亦具有處理的全權。非日常的支出，則須取得家長的同意，由家長提供。家族的零用錢，亦端視實際需要，由家長分配。

家長的地位，在生產與消費兩方面，不斷地展現其權威性。雖然如此，農家與商家的家長，已不具有絕對性的權威。除了有家訓的舊家，小農或小店家庭，卻沒有特別誇示家長的權威。

在家長居於重要地位的直系家族制之下，繼承「家」的長子地位當亦隨之提高。一般而言，長子常被賦予較之次男、三男不同的特別待遇，且較受重視。通常長子是親方（oyakata，老大），次男與三男則是「吃冷飯的」。父母對兒子本是親生而一視同仁，但在一切以「家」居優先的環境下，長子繼承家業，其地位當較高，同時家長夫婦年老以後的扶養，亦委諸於長子。相對的是女兒們，對娘家而言，是累贅之物。在男性本位的「家」制度之下，出嫁時，既要有相當的嫁粧，其後又須補貼服裝或零用錢，使其在婚家好過些，這就是為何一般人不喜歡生太多女孩子的原因。下層的貧窮人家當然無法冀望對女孩子有過多的花費，毋寧任其充當低工資的女工或女傭而出外做活的人頭。貧窮之家，甚至賣身以幫助家計。這種「家」的結構，產生近代日本產業化主角的纖維產業的支柱——女工。

再就繼承制度加以觀察，法律上已改變為諸子均分制，但實際上家產卻未均分。蓋通常均依雙親的意志，優先分給繼承者長子，以之作為交換晚年的扶養，已成為一種傳統形式。這在農家尤其明顯，即

使都市的舊中產階級亦如此，甚至在都市的上層階級亦適用。就此而論，迄今仍有六成以上的人，認為照顧晚年的父母是天經地義，「既然繼承長子之家，照顧雙親是應該的」。

## 四、家族主義的社會結構

在日本，即使到了近代社會，卻從未產生自由平等的社會關係。對於以家族主義形式形成的日本人而言，家族之外的社會人，乃是屬於波濤洶湧的憂世或浮世。在此浮世之中，為了確保安定，人們必須在家族之外帶進家族主義的結合。成為家族關係中心的親子關係，帶有主從色彩，這在日本人的社會關係中即可以明顯的看出。從家族的身分與主從的身分合為一體的意義上，可說是封建的家族主義，日本的社會到了現代，仍殘留這種家族主義的社會關係，尤其以農村為最。血緣及其擬制的依存關係，由於日常的地緣接觸之累積而加強，村莊本身即具有家族的擴大性格。雖隨著資本主義經濟的滲透而開始崩潰，但社會關係的家族主義的性格，卻只是褪色而未消失。

這類社會關係在小工商業者的社會亦明顯的被認定。依「暖簾」（noren，看板，或招牌）之別所象徵的本家與別家的舊習，雖在明治以降逐漸消滅，店主與「番頭」（bantō，掌櫃）這種前近代的關係，卻長期的存在於僱傭關係。小工廠的人際關係，殘留「親方」（老大、老闆）與工匠、徒弟的性格，具有以工廠老闆為家長的工廠一家的特質。小企業或小工廠，仍保持家族主義的結合，即使後來成立近代企業的大工廠，這種家族關係的遺制仍未中斷。這些小工商業者所構成的都市社會，與村莊的社會相似，至於所謂「下町」（sitamachi，工商業者居住區）的社會關係，實際上亦具有家族主義的色彩。

對此,在近代大工廠工作的人際關係,表面上看來似乎不同,但經營這種大工廠的財閥本身,不問其大小,都具有家族主義的同族結構,工作場地內部的社會關係與小工廠的情形並無顯著的差異。

在這些工廠裏,工匠的勞工流動較大,其後企業培養中堅勞工,以及依據「年功序列」養子式的勞工。依工作場所之別,造成家族主義的人際關係,同時礦山勞工亦常見福利設施或獎賞的恩惠,維繫工廠一家的意識。在戰時體制下,尤其在產業報國運動中特別強調家族主義勞資一體的規範。

家族主義的人際關係,更在官僚的社會與政治家的結合之中看到,甚至在一個應為最近代的文化結社方面亦不例外。

與「親分」(老闆,老大)連結的親疏關係,將成為取得職位或升遷的依據,至於擁有較多「子分」(部下或黨羽)的,則會提高「親分」的權威。這種連繫,常與同鄉、同學或姻戚關係、媒妁關係等互為表裏,而具有陰性的「門閥」的性格。

有組織的暴力集團,即所謂流氓集團,亦具有依「親分」「子分」關係或兄弟關係的家族主義身分階層組織的特徵。此即親分或「兄貴分」(anikibun,大哥)的絕對性支配與庇護,「子分」或低輩分的隸從與忠誠,成為支撐組織的主要因素,由此可見封建家族主義的特質。

由此加以考察,日本人在其將自己委身的地域社會或工作場所,專注於縱系的家族主義道德,但對於擴及於其外的社會,卻不能維護橫系的道德標準。在其身邊的村莊、城市或工作場所,被人情、義理所拘束,而懼怕喪失面子的人,當其離開此一環境時,卻一反常態,肆無忌憚的為所欲為。背誦教育勅語「施之四海而皆準」準則的日本人,卻具有違悖中外道德標準的舉止行動。這也是何以日本觀光客常有異常的表現而給人惡劣印象的原因。

## 五、家族封建遺制的解體

中國文化對於日本的思想、教育、文化方面有很大的影響。儒教教示處世之方，在人際關係上，重視長輩或年長的人，因此年少者對年長者，兒子對雙親要服從、奉侍，紊亂這一秩序的行為則被認定為罪惡。與大家族制的中國同樣，在日本的家族制度裡亦呈現濃厚的儒家思想的色彩。子孫三代同堂，在同一家庭共同生活，在日本已有很長一段時間。日本的「家」，具有家重於一切，家長的父親擁有絕對權威的特徵。

直到兒子成人為止，父親以家長之尊，有絕對的發言權，從入學、就職，到結婚對象的選擇，家長的意見均優先於兒子的意志。兒女無論大小事，均須與家人商量。之所以有「相親」這一獨特的結婚形態，與其表現本人的意志，更重視家庭的門當戶對。

當家長死亡或「隱居」時，由長子繼承家長，繼承全部的財產。武士的長子有「家祿」，商家的長子有店，農家的長子有農地的讓受。如果妻子沒有生男孩子，就會被迫離婚，丈夫會另迎娶新的妻子，以固執出生男子。無論如何非有男子不可時，亦可迎他家的孩子作為養子，以維護家名，這就是所謂養子制度。

繼承全部財產的長子，亦以家長身分負有保障全體家族生活的責任。這種世襲制，主婦以及次男以下的兄弟、姊妹等，均認為理所當然而甘受不平等待遇。

這種家是以家長為中心，營家庭生活，這種時代在日本，一直延續到20世紀前半，綿延不斷。

為使每個小孩都能具備生存能力，適應未來的生活，父母不只要

教會他們生活的技能，還要培養其克服困難的毅力。小孩從幼年起，就必須教育其懂得自己所處的地位，未來的命運。長子須瞭解其未來將為一家之主，要學會承擔重任；對次子等則訓練其未來應如何獨立謀生，如何對待兄長。總之，教育的範圍甚廣，從體力到精神，無所不包。日本家庭中的序列井然，長幼分明，「禮儀作法」很多，都是嚴格教育的結果。

雖然現代的社會生活已好轉，出現許多小家庭，家庭形式已不同於過去，但對子女的教育依然比較嚴格，仍全面關心小孩的成長。日本有句成語，「要讓可愛的孩子去旅行」（所謂旅行，指的是出外去創自己的天下，到外面去經風雨，見世面。）今天日本人雖過著較為富裕的生活，但日本社會仍然讚賞艱苦奮鬥的精神，倡導這種嚴格的教育方法。

總之，日本家庭與社會對後代的教育比較嚴格，他們較少溺愛的方式，不採取保護主義的辦法，這對於培養後代的刻苦精神似極有利。

日本的社會有如一個家庭，這個家族的成員是一個階層組織，有雙親、兄弟姐妹，家長擁有絕對的權威。長輩雖大權在握，但偶爾也期望被理解及體諒（一如小孩子接受父母的權威，但是希望被寵愛）。此一關係所依靠的是情感的維繫，但是其中的結構一旦發生故障時就會產生混亂，家族之間的紛爭甚至比一般的口角複雜而難解。

日本的社團等於是家族的擴大，連用語都和家族關係的用語相同。日本社團的上下關係，可以用親子來比喻，「親會社」（母公司）和「子會社」（子公司）便是最好的例子。

主要的區別是「先輩」（senpai, 前輩）和「晚輩」(kōhai)的關係。畢業年次和進公司的年次，即使是只相差一年，此一關係則是永遠不變，而必須維繫的。對前輩就如同父母和老師一樣，必須順從並盡義

務，過年過節絕不能怠慢，反之，前輩當亦須在工作上或生活上或照顧或提拔晚輩。

日本的企業或團體裡，出新點子提出新政策的大多是中堅幹部，他們在同事之間，很重視研討，並且提出新的企畫案，讓上司裁決。上司通常並不自行決定，而尊重部下職員，可見其保持家族連繫的結構，這種情況在軍事部門亦復如此。地位有如父親的上司，讓如同兒子的職員，也為自己分擔部分的職責。歐美的老闆有如國王，而日本的老闆則是扮演著父親的角色。

實際上，日本公司的經理，在職務上的任務和歐美的相當不同。很多大企業家的經理常常要為公司職員尋求調停方策，因為他是公司裡最後的調停者。

當經理的資質，與其說是在商務能力上，不如說是在鞏固公司結構及調整派系人脈的能力上。當了三、四年的經理之後，很自然的就會升遷，如果一直坐在經理的位置上，將會影響到晚輩的升遷機會。

受到外界批評的「年功序列」制度，也是家族制度的一種變型。此一制度確實犧牲了不少人升遷的機會，但是至少可以避免歐美人事上的嫉妒和摩擦。日本人特別著重和諧，團體的和諧得以維護才是真正補救缺點的方法，社會上被忽視的女性地位問題便是一個例子。日本的社會組織雖遭到外國人嚴厲的批評，但也自有其優點。

由家族構成來看，小家庭的激增最為顯著，同時，以三代同堂為主的其他親族家庭銳減，只有夫婦的家族激增，即核心家庭 (nuclear family)家庭的增加。如以夫婦與未婚子女所構成的核心家族與只有夫婦的家族以及男親或女親與未婚子女所構成的家族，稱之為核心家族，則其比率在1955年只有六成，二十年後的1975年，已增為64%。雖其中有稍許的變動，但從戶口人數的減少與家族的親族構成單純化來看，

戰後的日本家族結構確實已有顯著的改變。

　　戰後民法的修正，可說是對具有長期傳統的日本獨特家庭制度的挑戰。當然，法制上的變革，並不直接影響到現實的變化，舊有的「家」庭制度，迄今仍殘存，但在法的意識上，其價值體系的轉變，當亦影響到家族生活。直系的家庭制度，隨著時間的推移，與自立營業比重之降低，而日趨解體。

　　變化的第一現象是「家格」（kakaku，門第）意識之淡泊。此一意識在農村特別強，但連農村亦反映農地改革所帶動家格的變動，重視「家柄」（iegara，門第、家世）的意識，戰後有愈來愈淡泊之勢。地主制度崩潰之後經過一世代的現在，因地主佃農關係所形成身分的「家格」，亦已成為歷史，都市更是如此。家格意識的褪色，意味著代表家，統率家族成員的家長權威的低落。

　　廢除戶主之名以來已過半世紀的今日，日本的家族已非一般權威主義的家族。從戶主轉化到戶長，當引起家長、父親、男子普遍性優越地位的崩潰。從男子優先的父子關係本位的家族，轉變到原則上以兩性平等為前提的夫婦關係本位的家族過程之中，全盤而言，女子的地位顯然已提高。「戰後轉強的是女人與襪子」這一句諺語，正足以反映此一現象，雖然並非因此而使男女完全臻於平等，但至少在家族之中的婦女地位，較之戰前已有顯著的提升。


## 第六節　婦女的地位


## 一、婚姻與農村婦女的地位

## 1. 重視婚姻

　　表面上日本人的家庭生活雖已西化，但其童年的心理環境和美國的小孩成長過程完全不同。日本人對婚姻相當重視，日本社會仍然不能接受婚前同居的行為。經過數十年的變遷，日本社會對性的觀念顯已遠較過去開放，不論婚前或婚後，男人在性方面都比女人自由得多，尤其是比諸已婚女人。社會認定日本婦女必須對丈夫絕對的忠貞，才能維護家庭的神聖。現在的情況則稍有不同，戰前的婦女在婚前絕不允許有不軌的行為，否則無異自絕於他人。戰後的年輕婦女——尤其是被稱為OL(office lady)的未婚職業婦女，很可能有一段閨門韻事。與美國相比，一般大學生與高中女生，「性」的接觸極少，蓋日本人還是相當實際，他們認為正常的新娘應為處女，對大多數的日本婦女而言，結婚、生子仍為人生最主要的目標。日本社會很自然地假設，所謂適婚年齡（男子二十七歲，女人二十四、二十五歲），大部分的人都有結婚，如超過三十而未婚，則認定其為反常。

　　「見合」(miai，相親)結婚（由媒人從中安排的婚姻）仍居四成左右，可見這種心理至今仍深植人心。婚姻制度在戰後有兩項重要的改變，首先是戰前日本社會特徵的大家庭，幾乎已完全絕跡。今天，典型的日本夫婦基於經濟上的理由，通常只要兩個孩子（平均每個家庭的兒童數只有1.7人）。另一項重大改革，也是來自美軍的佔領政策。戰前，長子在法律上有扶養雙親的義務，戰後的盟軍總部廢除此一法律，雖大多數家庭仍保持一段時間的三代同堂，但近年來這種家庭越來越少，而「核心家庭」（小家庭）增加的速度是人口成長率的兩倍，尤其是在都市裏，小家庭已代替了傳統的家庭。

　　神前結婚由「神官」主宰，參與者是新郎、新婦及其家族、親族

與媒妁。神前結婚式舉行三三九的獨自儀式，新郎新婦分別以三重的
杯子三次飲「御神酒」(omiki)，以新婦→新郎→新婦的順序，合飲九
次，以堅固夫婦之間的愛情。

　　日本人一旦結婚，就不會輕易考慮離婚。儘管一般日本男人常會
縱情於婚外的性行為，且很少刻意去掩飾這種事情，但是日本的離婚
率甚低，尚不及美國的四分之一。無疑的，部分理由是因為男方通常
要求子女的監護權，而且很少付贍養費（即使有，亦很少）。因為大
多數的日本人不把婚姻當做浪漫史的最高潮，而看成一種具有社會意
義和實際需要的相互承諾。

　　如此一來，婆婆在家庭的權力盡失（不像以前是一家之主，可以
隨心所欲地指揮媳婦），但卻不能反映女性勢力的全面後退。相反的，
從日本近代史來看，日本家庭有一個最重要的事實依舊保存著，即在
一層薄薄的掩飾之下，典型的日本家庭基本上仍然屬於母系社會。

　　對絕大多數的日本人而言，在母系社會中渡過的童年經驗，對其
終身都有深遠的影響。許多西方人都誤以為日本男人是他生活範圍之
內的主宰，事實上，這種例子早已不存在。即使在戰前全無合法權利
的情況下，日本的婦女絕非西洋人眼中毫無力量的裝飾品。

　　為此，結婚觀亦與戰前不同。戰前的婚姻類多為了家庭而結婚，
或要求作為丈夫的妻子之前，先當媳婦；戰後則只尊重當事者男女的
同意，真可說是一大變化。即使是現在，結婚的成立，與其戀愛，不
如說是相親較為盛行。通常都以婚約後的約會來彌補相親的缺陷（相
互瞭解之闕如），這與結婚後才開始交談並不算稀奇的時代相較，已
有很大的變化。

　　結婚後新夫婦的生活，在都市則以「別居」為佳。在上層的家庭，
即使有使新夫婦同居的住居，亦會另建新居，或在雙親的宅地內建新

居；中下階層則無保障年輕夫婦獨立性餘裕的住居，離開親人而過著租房生活者甚為普通。核心家族的盛行，更助長此一趨勢。

但類此結婚而創設新家庭生活的樣式，從整個日本來考察，並非已定型。農村繼承人的新夫婦，依然以與雙親同居為當然，即使都市的自營業主層，只要有住居的充裕空間，使長男同居也是普遍的現象。但即使如此，家族的生活週期 (family life cycle)，與戰前迥異，其生活的實態亦有變化。雖從戰後住宅極端不足的窘境解放，但如今仍侷促於狹小的 2DK（二間臥房加 D——餐廳，K——廚房）為標準的情況，實無法容許二代夫婦同居的空間。

在教育方面，女子的進學率年年上升，在高中進學率已超過男子，在大學進學率亦逼近男子，雇用率亦在上升。初婚年齡，女子已較昭和初年的二十三歲程度高了二至三歲，最近出現二十五點四歲的平均結婚年齡；至於男子的初婚年齡，較之昭和初年高了一歲，約為二十七歲前後。此一年齡差的縮小，實與夫婦關係的性格變化有關。

## 2.農村家族中的婦女地位

農村家族之中，究竟婦女所佔地位如何？農村家族可說是前近代的家族，亦即農家的家族並不像近代家族般，由夫婦的結合而成，即非僅是夫婦的結合所成立的家庭，可見親子關係優越於夫婦關係之明徵。家長的父親與長男的關係居優先，是最重要的家族關係。在直接的血統上並無關連的婦女，必然受到輕視，婦女畢竟不能視為對等的人格。

極言之，女子乃是可能使「家」延續的手段，甚至只是傳宗接代的工具而已，一切為「家」而居隸屬地位的是婦女。為了「家」，雖也包含家長及構成家族的所有個人，但特別強調的卻是婦女。所謂「三

從四德」，乃專為女子而設想。以這種以家為前提來考量，「三從四德」
所顯示的，在各種階段，亦即婦女的地位，隨其一生在家族中所居佔
地位之不同而有變化。

這可分成三個階段：一是從出生到結婚前的女性，只是「家」的
存續的附屬，而非特別必要的人，與男子相較，其出生並不受歡迎，
與其兄弟相比，顯然受到輕視，一般被認為反正是要出嫁的。當然，
女子及長，亦有因其勞力的價值而被評價的，甚至因其出嫁後必然受
到的勞苦堪憐而在少女時代被嬌生慣養，但由於出嫁的開銷，以及結
婚後在娘家尚須照顧的關係，從「家」的立場上其不受優遇是當然的。
這種處境愈是貧農則愈悲慘，由於過分的貧窮而無法把孩子當作人看
待，在減少消費人口的意義上，女孩子常出外勞動，甚至被出賣。

經過此一時期之後，進入結婚時代。結婚乃是家與家的結合，並
非當事人之間的問題。從娶的一方來說，乃是接受一個勞力人手。此
際「緣組」（engumi，結親，婚姻關係）的標準，主要的並非個人的
能力或資質，而是家的地位即「家格」或門風。

一般而言，農村根本不存在戀愛結婚。自由結婚必會引起非議，
且須承受外部的壓力，在如此被扭曲的環境下，自由戀愛是不可能產
生的。

經過結婚而成為媳婦(yome)的第一條件是奉侍翁姑，且須隸屬於
配偶。一般以為「親人是寶貴的，不能代替的，媳婦則是可以更換
的」，「兄弟如手足，而妻子則如同衣裳，可以任意無限的更換」。通常
都是在經過一段觀察，直到認定其能適應家風，可以順暢的過活，或
快生孩子時，始得「入籍」（辦戶口）。生孩子是新娘的女性地位安定
的首要條件。

作為「外人」而進入「家」的媳婦，夫婦間的愛情是次要的，甚

至對丈夫愛情的表白亦須保留，而忍受不自由且受壓制的夫婦生活。媳婦的生活是處於四面楚歌的環境之中，以忍耐服從開始，這就成為惡性循環，一如舊士兵由於新兵時代所受痛苦而對新兵報復的形式，當媳婦熬成婆時，反過來要求其忍耐。現在這種情形顯已非常少，但仍有未改變此一風尚的地方。媳婦起的最早，而睡的最晚，乃是在任何條件之下強制的農村生活樣式，三餐或入浴等日常生活的慣行之中，媳婦地位之低，明顯的顯現出來。而且在這忍耐期間，時常面臨離婚的危機。

　　縱使母親對媳婦吹毛求疵，極盡虐待之能事，最後肇致美滿婚姻破裂，兒子亦不得作聲。日本女子一旦結婚，進入夫家門第，就成為婆婆的所有物，樣樣都得聽話。婆媳不合，這是日本小說描寫的主題。今日年輕女性，寧可嫁給家中排行次男的男人為妻，不願意長子繼承家業，卻須負奉養父母的義務，蓋其必與公婆同住。

　　日本社會婆媳之間的問題，通常都在「家」內解決，即使受虐待，亦無法得到親兄弟、親戚或鄰居的支援，而必須孤軍奮鬥。印度的農村，不僅長期間的歸寧（回娘家）是可能的，兄弟亦經常來訪，給予某種援助，而婆媳間的爭吵，亦大聲的進行，使左鄰右舍的人聽得到，而有鄰居媳婦或婆婆（屬於同一caste）來援的情況，這在日本是絕對看不到的現象。


## 二、女權運動


### 1. 男尊女卑的傳統

　　日本的婦女地位與兩性關係一向為歐美人批判的對象，女性的職

業差別相當嚴苛。日本的婦女少時從父，出嫁後從夫，老而從子，儒教式的三從四德迄今仍然存在。

婦女甚少參加社交活動。丈夫的放蕩可以默許，而妻子的輕佻則是不可寬恕，這種雙重標準迄今仍普遍的存在。日本人對於性的看法並不像歐美人之具有罪的意識。他們認為性一如飲食，乃是自然的現象，但卻認為個人的欲望應受制於週遭的社會環境，因而連屬於個人愛情生活的社會規約，他們亦願意遵守，這就是何以有人指其為既放縱又禁欲的原因。

古代的日本人不單重農，且亦重視豐饒。直到近代，在農村地帶仍有男性性器形狀的東西被當作信仰的對象。

王朝時代宮廷生活的主要文藝主題，大都充滿彩色繽紛的性的自由生活。當時的性的自由其後一直殘存於農村，結婚前的性行為被默認，婚姻亦須等到女性確有受妊始能正式承認。

古代的日本屬於母系社會，皇室傳說上的始祖是太陽母神。根據中國古書記載，3世紀時的統治者很多是女性，女性天皇一直到8世紀仍然存在（古代共有八代，六個女性是天皇）。平安時期的宮廷女性可以享受大幅度的自由，在文學方面亦居於主導的地位，即使在封建初期，婦女仍可擁有繼承權。

在日本史上，農家或商家等家業，女子常付出與男子同等或更多的勞力。但自中世武士階級確立後，造成所謂「男主外，女主內」的工作分擔，其後由於儒教與封建制的配合，婦女的自由被限制，而強制隸屬於男性。蓋封建時代講求「力」，比諸男性較少鬥爭能力的女性當處於劣勢，而以男性社會為中心的儒教更助長此一傾向，鎌倉幕府時代以降，武士之興起以後尤然。

農民階層由於女性與男性協同從事農耕、逐漸確立其個人的自主

性。另一方面，上流社會的女性完全從屬於男性，成為「下女」（女僕）或被玩弄的對象，直到德川時代，這種關係已固定化。女孩子大抵都是作為強化與世家關係的政略結婚的工具而小心養育，無異是婚姻市場上「人形」（ningyō，娃娃）的存在。為人妻之後，被要求全力為丈夫家族的幸福而犧牲奉獻。

### 2.女性的解放

日本在明治維新以後，在所謂「四民平等」的口號下，雖承認各階級的平等原則，但關於男女問題，仍認為這是天性的差異而視為當然的道理，男尊女卑的觀念，卻為法律上所公認。民法上視妻如同限制行為能力的人，妻子的許多行為，都要獲得丈夫的同意，丈夫有權控制妻子的行為，因此，在第二次世界大戰結束以前，日本的婦女在社會上，毫無人格和社會地位可言，蓋其生而為男子的附屬品，家庭的奴隸而已。

日本的女性雖然受到封建制度與儒教的影響，長年處於男性優先主義的劣勢下，但有一點是不能否認的，那就是日本本來是一個母系社會，母系社會的因素一直長存。此由中世紀女性被要求與男性同樣的意志力與勇敢即可以明瞭。現代甚至有女性較之男性更有意志力與心理強韌之說，而且現代的日本家庭都是以母親為中心而展開，即由母親支配而不是父親，尤其是家庭經濟概屬母親的專權。一家的中心是母親，然而一旦走出社會，女性的地位卻又是一落千丈。

唯依據舊制，女子既沒有繼承權，更無自己選擇配偶的權利。結婚後，不但對於自己子女的教育無發言權，更沒有向丈夫提出離婚的權利。離婚只是丈夫一方的權利，而休妻的理由，只要指責妻子不能盡責，有違家規便已足夠，無需其他理由。

　　夫唱婦隨或夫婦一體這種道德的理想，僅限於日本，可說是強調集團一體感的一種表現。隨著近代化的發展，尤其戰後，「家」制度被視為封建的「惡德」，阻礙近代化，其主要原因乃因這種家長權無限的濫用。

　　直到戰後，盟軍總部於1945年10月的指令中，把解放女性列為基本項目之一。1947年實施的新憲法，規定所有國民不得因人種、性別等，在政治、經濟或社會上設有差別，同時又規定婚姻必須基於男女雙方的同意始能成立，並以夫婦享有同等權利為基礎。類此規定，對於傳統家族主義所信奉的家長中心及男尊女卑的觀念，當為一大衝擊。嗣後民法又把以往加在女性身上的桎梏完全解除。至此，婦女與男性同樣享有平等的權利並負同等的義務，無論在政治、教育、就業以及家庭等各方面，婦女的地位都有了顯著的改善。

　　現代的日本女性已能享受其祖先所無法想像的物質的豐富與便利。自18世紀以來，「節儉」在庶民的教學「石門心學」中居於最高的價值，直到第二次世界大戰為止的二百年間，是支配日本家庭生活的因素。

　　戰後由於日本過去封建制的父親家長制已被廢止，男女平等的原則已確立，且受到憲法的保障，使婦女在家庭中的地位大為提高，尤以在都市中的家庭為然。但較偏僻的農村，仍有一部分的婦女被古老的封建舊制所束縛，而無法享受男女平等的實惠。

　　在農業經濟中，婦女的勞動力佔著極重要的地位。從事農業以及林業工作的勞動者，婦女佔其中的半數。

　　經濟生活方面，女性的地位仍不如男性遠甚。過去封建時代三從四德的儒家之教，迄今仍然殘存。雖然每年都有愈來愈多的婦女出外工作，十五歲以上的女性有48%都在工作，構成全國生產力的三分之

一，然而平均所得卻僅及男性的60％而已，大部分的公司至今仍認為婦女結婚生第一個孩子以後就要離職。因此，除了較輕的勞務或文書工作以外，大多不錄用女性。人數龐大的未婚職業婦女，只是為了填滿結婚前的空白而工作。有些機構根本不雇用女性從事有升遷機會的工作。

1950年代以後，高中畢業的女性多數進出非專門的事務職，成為所謂OL(office ladies)。隨著60年代的高度成長到現在的產業結構的變化——第三次產業化，中高年階層的主婦亦從家庭跳出，從事超級市場等的短時間勞動。迄今女性雇用者之中，三十五歲以上的已超過半數，其中五分之三已結婚。

但另一方面，在終身僱用制度工資體系之外的「計時工作」(part time)增加的結果，近年已有接近的男女工資的差異，又因此而有再擴大的傾向。男性工資為100時，女性僅佔52.8％而已，此一差異在先進國之中算是最大的。

現實上，男女工作分擔已不像過去那麼固定，但「男工作，女家庭」的傳統想法，一直是根深蒂固的。

日本對男女問題的看法，被認為是和儒教思想相關連，他們說人對社會都有應盡的本分。因此，以前將社會以士農工商嚴格階層化，現在仍然一樣，男人有男人，女人有女人的工作。兩性在各種社會中扮演各種角色，或許在角色定位上，女性的地位真的比男性低，但是至少有女性專任的角色。

由於重男輕女的傳統觀念作祟，不論是高中或專門學校畢業的女學生，大都只能待在家裏，待字閨中。現在則不僅可以出外謀職就業，且可以參加社會政治活動，政治、文化、宗教等婦女團體組織紛紛出現。

日本深受中國儒家思想三從四德（在家從父、出嫁從夫、夫死從子）禮教觀念的影響，吃飯進食或進出電梯均是男人優先，車上如有一個座位，則當然是禮讓給丈夫。

為數不多的女警，在出巡、圍捕犯人之餘，尚須排班勤務，為男同事泡茶，與女秘書、文書無異。筆者有一次到外務省文書館訪問，為我們泡茶、影印服務的女職員，居然是該單位學歷最高，薪水最低的一位。

營造業迄今尚有女人在隧道工地現場，會觸犯山神的迷信。相撲大賽的冠軍頒獎典禮，迄仍峻拒女性頒發。（有史以來第一位女性內閣官房長官，受命代表首相頒發獎盃，卻不受歡迎。）

在世界先進工業國家裏，日本可說是最少受到女權主義（運動）影響的國家，這當然不能斷定其為日本女性意識的落後，無寧植根於古代土著信仰的日本人的心理作用。日本的土著信仰上，作為巫師(shaman)而司祭祀的，都是女性。自古即深信女性有超自然的力量，成為畏懼的對象。即使外來文化──佛教與儒教傳來「五障」或「三從四德」的極端性別歧視的觀念之後，日本人的基層心理，仍延續這種對女性畏懼的心理，以各種形式反映在生活與文化之中。

對日本女性而言，這種心理上的女性優位，可以解釋成制度上男性優位的「補償」（彌補）。得到補償的女性，已不再要求急劇的改革。從今日經濟社會環境的推移看來，「節儉」的美德已有褪色之虞。

政治家並不因婚外情而名譽掃地。前首相田中角榮就曾經讓一個妾居住在豪邸之中，他後來被抨擊時，追究的對象是他擁有的豪邸，而非與該女性的關係。

對性放縱的約束，對女性社會地位及婚姻有時候可以發揮很大的作用。利之所在，競相奔逐的日本社會，外國的道義觀沒有進入的餘

地；就是有，他們進入的餘地，也只有學校傳教士和佔領時期的司令部。

日本女性絕對談不上解放。即使擁有博士頭銜的女性上班族，在辦公室裡，也得對來訪的外賓鞠躬、倒茶；即使與男性居同樣職位，女性的薪水仍較男性為低，從政的女性有如鳳毛麟角，進入公司董事會的女性更是前所未聞。

然而一家之內操控家庭經濟者，卻是女性，男人莫不將薪水袋雙手奉上，由太太操持一切家務，甚至零用錢，下班後與同事小酌的酒菜錢，都得向太太領取。丈夫將家計託付妻子的理由，或許是源自武士道。蓋往古的武士專心於武藝，不屬於受到家計、家事等雜事之煩，以其違反武士道，而將之除外。

總之，戰後日本婦女社會活動的發展與日俱進，但日本女性最大的美德就是刻苦耐勞，有禮貌，能服從，善理家政。戰後日本女性的社會地位較之戰前已提高了很多。

戰後由於廣泛的法律及社會權利突然且意外地降臨到日本婦女，終於解脫了封建社會諸多枷鎖。

# 第二章

# 經濟的發展

第二次世界大戰後，日本國內是滿目瘡痍，百廢待舉，但在短短的四十年內，卻能夠一躍而為經濟大國，的確值得世人去探索日本經濟發展的原動力。

日本投降後，到過日本，親眼看到一片廢墟的外國人，無不感慨萬千的斷言，日本再也沒有復興的機會。1951年，盟軍總部的財政顧問道奇 (Joseph Dodge) 於返國之際，即曾預言日本經濟之破綻。但後來的發展卻出乎一般人的預料。

從1925年至1975年以來的工業生產指標，可以看出日本的經濟奇蹟於1962年才開始，當時的工業生產僅及1975年時的三分之一，日本經濟力量到1966年以後才顯現出來。1954、1965、1974年，出現經濟衰退的現象。由於這幾次衰退的衝擊，刺激了日本政府採取更具開創性的做法，事實證明日本經濟復甦後所展示的力量，較衰退前更為強勁。產業結構的變化也可以看出，如石油之取代煤，礦業即開始走下坡；紡織業的地位由機械與鋼鐵製造業取代，日本人稱上述現象為「重化工業化」(heavy and chemical industrialization)。

以1951年至1953年間指數為100，則1934～1936年間的國民總生產指數為90，1961～1963年為248，至1971～1973年間，已增至664，而1934～1936年間的工業生產指數為87，1961～1963年為400，到了1971～1973年間，則高達1,350。易言之，日本戰後的經濟，從1946

至 1976 年的三十年間，成長了五十五倍。以一個面積只佔全球表面0.3%的國家，卻佔有全世界10%的經濟活動，並養活了世界3%的人口，這種經濟奇蹟實值得研究。

戰後日本的工業高度發展有幾個動力：一是戰前雄厚的工業基礎。由於軍事上的需要，其國防相關工業基礎相當雄厚，尤其以造船、航空與車輛等工業為最。戰時雖有部分工業被摧毀，但仍保有一些重要工業。其工廠的硬體設備雖不完備，但卻仍保有龐大的人才與技術，能於戰後很快的復原，加速工業的發展。二是客觀環境有利於發展。日本的地理環境雖有天然資源缺乏等不利因素，但在其求生存的過程中，轉向高科技發展。此外，國防預算的限制，亦使其得以全力向民生工業發展。三是政府的全力扶持。政府（尤其通產省）的施政方針，無不以中小企業為首要重點，全力扶持工商業。政府制定適當的政策與發展方向，得到民間的全力配合，使雙方合作無間，共同努力達成目標。

## 第一節　日本經濟發展的前提

日本經濟立國的條件是在四邊為海所圍的狹窄國土之上，由多數勤勉的國民為基幹所承擔。在人口一億二千萬，人口密度高的環境下，經濟的發展，惟有依靠國民的勤儉與努力。

明治日本繼承江戶時代的遺產之一是，豐富而優秀的勞力。1872年有三千四百萬人口，二千一百萬的勞工。這些人口與勞工的素質高，能容易適應新的社會、經濟組織，及至近代產業勃興，乃能作為優秀的勞力，對經濟成長有相當的貢獻。這應歸功於教育之普及——江戶

時代寺子屋（terakoya，私塾）之普遍。這是以庶民住宅的一部分為教室，或武士、浪人、僧侶所開設、經營的私塾，學生數自二十到五十人不等，教育的內容是讀寫與算盤。據云寺子屋有一萬所以上，在明治維新當時有43％的男子、10％的女子受過此類教育，這種普及率可說是世界無雙。如無基礎的讀寫能力，則新的佈告、新的土地制度、新的戶籍制度的實施，就無法推動，當無後來農業技術的顯著進步。唯有如此，農村的勞力乃能轉為都市工廠的員工，接受必要的訓練，而成為優秀的勞力。

　　日本的成功除了準確的利用外國技術之外，日本的勤勉，對企業的投資欲，也都是不可否認的主要因素。有技術但無生產的意志也是徒勞無功，勤勉及投資和經濟成長是息息相關的。如果勤勉可以促使進步，則靠近日本的鄰國（中韓兩國的人民亦很勤勉）應該可以比日本創造更多的經濟奇蹟；如果儲蓄和投資能保證經濟成長，則共產主義諸國應該比實際進步很多才是。長年以來挪威在西歐是投資率最高的國家之一，但其成長率卻沒有有效的提高。日本人的勤勉和投資意願之高是舉世無雙的，即使不需要從海外引進技術，他們仍然保持勤勉和投資的意願。

　　此外，近代經濟成長所必需的人才，則有一批能幹的政治家與企業家。前者主要是西南諸藩武士階級出身，他們以熱烈的愛國心與奉獻犧牲的精神，對明治維新與近代國家的建設做出貢獻；後者亦有不少是武士階級出身，他們以旺盛的企業家精神，致力於近代產業的培養，澁澤榮一即為典型之例。優秀的政治家與企業家大多出自武士，有謂乃是受到武士階級之間具有支配性的儒家的影響。杜爾（Ronald P. Dore）指出，儒教被評謂是腐朽的道德，但對知的探究心與向學心之鼓舞相當有效。深植於武士心中的是，與其以利益為中心的私欲，

無寧說是集團中心的精神。

　　寺子屋的教育甚至保存到明治時代，始被近代教育所取代。明治政府於1872年頒佈學制，實施義務教育，翌年義務教育已達28％，1890年初，超過50％。義務教育之外，如將中學、高等教育的在學學生計算在內，則學生總數，在1873年為一百三十萬人，1890年已超過三百二十萬人。

　　就日本的義務教育實施開始年度，與先進國作一比較。德國（普魯士）是1763年，即在近代經濟成長之前數十年。但美國（馬薩諸薩州）、英國、法國的義務教育為1850、1870、1880年代，均較近代經濟成長為晚。考慮到經濟發展階段的差異，則日本義務教育的開始，可說是與德國並駕齊驅，相當的早。再就總人口之中所佔初等、中等、高等教育就學率，日本在1873年只有3％，與1870年的英國不相上下。

　　明治維新推動近代經濟成長成為國家事業之際，日本與西歐列強之間的經濟力有相當大的差距。但農業技術在江戶時代已相當進步，都市商業資本的累積亦相當可觀。交通網、灌溉設施等社會間接資本的整備亦有相當的進展。

　　另一方面，明治初期，強大的中央政府積極推動近代化的政策，先後廢止了士農工商的身分制度，國內與對外交通的自由化，義務教育的興辦，鐵路、通信等社會間接資本的建設，與各種工廠的官營，民間企業的保護培育等。此一時期在原有的部門亦進行近代產業與近代技術的提升與經營組織的引進，而有相當的發展。承繼江戶時代以來的遺產，與明治初期大力推動各種準備工作，使日本在1880年代中期即已成功地達成近代經濟成長的基本條件，但所得水準與當時的歐美各國相比，實太懸殊。日本要發展經濟，必須引進歐美的技術，促進工業化。但由於缺乏必要的原料與自然資源，而不能以低成本生產，

唯有仰賴海外的原料輸入。為了平衡過度的輸入，惟有輸出工業品，於是加工貿易的工業化乃成為日本經濟發展的模式。第二次世界大戰前的纖維產業，戰後的汽車與電氣機械等，成為日本工業的主要部門，同時也是輸出貿易的中心。資源的輸入，勞力密集商品的輸出，則是近代日本經濟發展的關鍵。

此後到第二次世界大戰的成長過程，頗為曲折，經濟成長率出現二十年週期的所謂「長期波動」，而有經濟成長「趨勢加速」的存在，結果日本的成長率遂躍居國際上的前茅，此一現象可從需要面與供給面雙方來理解。

需要的泉源可從國內市場與海外市場來觀察，前者的重要性較大。對外輸出超過世界貿易的成長而直線上升，為國內的產業提供龐大的市場，但個人消費、政府消費、資本形成等國內需求的擴展，均超過輸出，尤其以資本形成的擴張為最。國民總支出(GNP)所佔比率（投資率）逐漸上升，至第二次世界大戰末期已達到很高的水準，這是需求面趨勢加速與高成長率的一個原因。

供給方面，將經濟成長率分解為人口增加率與每一人生產的成長率，兩者的成長率均顯示上升傾向。人口增加率的上升，因1920年前出生率的上升與其後死亡率的下降而顯示出來。每人生產的成長率之上升傾向，係由於產業結構的近代化以及各產業生產性的上升所致。

產業結構的近代化，乃是農業在GNP中所佔比率減少，而M產業（第二級產業，即製造業、礦工業、建設業、運輸、通信、公益事業等）與S產業（第三級產業，商業與服務業等）的比率增加。尤以M產業的成長——「工業化」——為最重要，蓋其成為近代經濟成長的核心，尤其製造業的顯著成長及其貢獻最大。這是由於人口增加與每人所得增加所產生的國內需要之增大，而能充分供給商品，向海外輸

出巨額的商品。

　　另一方面，農業的比重年年降低，但初期對於經濟成長的貢獻卻不能抹煞，其最大貢獻是提供了充分的糧食，為此農產品對於工業生產的比率才不會佔太高。這與過剩的勞工同樣，成為壓抑工資的昂貴，保障利潤擴大的因素。幾乎所有產業均產生生產增加的現象，但最顯著的是製造業。產業生產量的顯著上升，乃是由於急遽的資本形成及其所結合的技術革新而來。

　　技術的進步基本上是依賴從美國、英國、德國等國引進技術。當日本開始近代經濟成長之際，西歐的先進國與日本之間技術水準的差異相當大，因此日本乃從這些先進國家積極引進高度的技術，這是充分利用「相對的後進性」利益的典型例子，但引進技術的成功，當亦有其應有的條件。它具有擅長掌握政治與經濟之舵的政治家，有效操縱行政機構的官僚，對於近代產業、近代技術表示關心，而積極引進技術的企業家，易於吸收近代科學、近代技術的技術人員，因此能很快適應工廠制度，且有操作近代設備的大量勞工，支援生產活動的金融、流通機構或社會的間接資本的整備等。工業基礎的技術進步，使勞動生產性提高，降低較之世界其他各國為低的輸出成本，始有可能急劇的擴大輸出。

　　但日本的近代化並非一帆風順，實際上，政治的領導並非經常統一而安定，政府內部亦有政府與軍部之間的軋轢，經濟政策亦非始終一貫。明治時期的大隈財政到松方財政的轉變，大正、昭和時期井上財政到高橋財政的轉變，正足以說明其錯綜複雜的過程。


# 第二節　戰後的經濟發展

　　說明日本近代經濟成長，有農工同時成長的假說。這是指近代經
濟成長的初期，一直陷於停頓的農業，與工業同時競爭開始成長。此
一事實，與農業革命、產業革命先後發生的英國成為顯著的對比。但
農業與工業的成長是連續性的，在近代經濟成長的初期，兩種產業的
成長有重疊，這點兩國之間並無差異。然則日本與英國等先進國比較，
最顯著的特徵有三：一是近代經濟成長初期的高人口密度。結果，農
業的生產較之先進國為低，每人所得亦低。這種初期條件的不同，影
響到後來經濟成長的模式。因人口稠密，農業較之工業處於不利的地
位，工業化走的是以工業化為中心的經濟成長之路。二是工業的原料
缺乏，工業化遂採取加工貿易的形式。三是農業生產的停滯不前，產
生過剩勞工的現象。由於過剩勞工的壓力，工資的增加不及生產，勞
工所得降低。這足以提高資本收益率而刺激投資，一方卻增大投資的
儲蓄能力，成為趨勢加速的主要因素。

　　就日本的經驗與發展中國家作一比較，日本是利用先進國的技術
累積而急速的成長。今日先進國與開發中國家之間仍存有相當大的技
術差異，開發中國家仍有相對的利用其後進性的方便。但決意推行近
代經濟成長之際，日本較之開發中國家，在經濟上、文化上可說是相
當的發達。農業的技術水準相當高，所累積的資本，後來大都投資於
工業化。農村工業亦有進展，成為近代工業移植的基礎。由於產業的
發達而擴大國內市場，工廠遂有大量吸收生產的能力。

　　日本經濟在第二次世界大戰期間極為蕭條，但到 1950 年代中期，
因韓戰「特需」（美軍軍需的特別承包）而恢復；其後到1960年代末，
實現了高度成長，經濟成長率大為提升；惟到1970年代則又顯著的降
低。

　　1960年代以前成長率的上升，一部分是由於戰前成長趨勢之加速

延長。投資率與生產性上升率，自戰前到戰後，有大幅度的增加，大部分高經濟成長率幾全由於戰後的因素，其中有國內的因素與國外的因素；國內方面，因有高的資本收益率、高的儲蓄率，政府的低利政策，促成民間投資的急速增加，急速的資本形成產生設備的近代化與生產的顯著提升，生產的提升較之他國在輸出價格方面為低，輸出遂能急遽增加，軍事支出之大幅減少，政府支出較大的部分可以轉向提高產業生產力的領域。後者則是先進國的急速技術革新，波及於日本。先進國採取完全僱用政策，成長率普遍上升，使日本的輸出市場得以擴大。

在快速的經濟成長過程中，由於不熟練勞工需求之擴增，至1960年過剩勞工已消失，勞工市場轉為不足。結果，擁有多數不熟練勞工的農業、服務業、中小企業的工資遽升。

另一方面，資本形成傾向於大企業，設備的近代化，中小企業的發展較遲，生產差異日益擴大。於是農業、服務業、中小企業的生產成本、產品價格乃明顯的上升，大企業則能保持安定，結果消費者物價大為上升，批發物價則趨於安定。農業、服務業、中小企業成本上升的主因乃是勞工不足，此一轉變乃是高度成長的結果，此一時期的通貨膨脹亦可說是高度成長的一種反映。

1970年代初期，日本經濟迎接大的轉型期，經濟成長率顯著的降低，80年代中葉雖得以恢復，但經濟成長率卻連高度成長期的一半都達不到，其原因是技術革新的世界性停滯，先進國與日本之間技術差異大幅縮小，引進技術的機會減少，先進國成長指標的經濟政策轉變，石油價格的暴漲，招致重化學工業的轉變，勞工不足問題之加深。

日本自1880年代中葉以後一百年間的經濟成長，日本的國民所得(GNP)顯著的增加，每人的GNP亦急遽的上升。到1970年代中葉超過

英國，1980年代超過美國。到80年代末期，日本成為世界第一的資金剩餘國，各國均在期待其對世界經濟積極的提供資金，1870年代，日本的每人GNP只有英國的四分之一，美國的三分之一，可見日本成長之速。隨著每人所得的上升雖較緩慢，但增進了每人消費與工資的上升，於是改善了國民的經濟生活。但真正獲得改善實在戰後。飲食在質與量方面都有改善，耐久消費財、教育、休閒服務等的支出增加，所得分佈亦平均化，這些變化乃是近代經濟成長乃至工業化的賜與。

高度成長亦連帶的產生公害。其實在戰前已發生公害，但大規模的發生而產生大的社會問題，則是1960年中期的事。工業化及其所產生的「人口都市化」，使空氣與水受到污染，自然環境受到破壞，因而戕害了國民的健康。

戰後日本的經濟發展成功的因素，依據各界的分析，可歸納成以下幾個因素：1.戰後世界經濟的好景氣，2.自由貿易體制所發揮的功效，3.韓戰和越戰的「特需」景氣，4.戰敗後喪失了海外殖民地，卻減輕了對外負擔，5.國防預算不超過國民總生產的1％，造成低負擔的國防費用支出，6.佔領軍強行實施「農地改革」和「財閥解體」政策的功效，7.政府政策主導型的國民開發事業的成功，8.優秀的「官僚體制」發揮其「助成」作用，9.具有臨海工業區的有利選定條件，10.優良而廉價的勞力，11.確立了國內經濟和世界市場結合的市場體制，即「以商立國」等❶。

其實，日本型經濟的成功和日本化現象的形成，應從日本人的精神風土和歷史發展過程去觀察。

有謂日本人勤勞，全力投注於自己的工作上，或指出其集體倫理

❶　參閱陳再明《日本論──解析日本強盛繁榮的秘密》（臺北，遠流出版公司，1993年）。

——對經營者的忠心——是其發展的關鍵，或以日本人的創意功夫、模仿性、教育制度、優秀的指導者和經營者，都是其重要的因素。

或謂「日本經濟急速發展的最大原因，在於日本人全力以赴的奉獻精神，以及達成共同目的所採行的專業訓練。政府和企業為了達到領導群倫的目標而共同協力，因此，毫無疑問的，得以達成超級大國的規模」。

情報對經濟成長的功能，依古典經濟學的分析，在生產上有資本、土地、勞工三大要素，三者結合起來就能產生經濟成長，而經濟的目的乃在發現能夠刺激最大成長的組合。

## 第三節　經濟發展及其影響

日本的經濟發展模式和共產集權國家、西方工業國家，以及戰後新興工業國家(NICS)的模式皆有所不同，最大的差異乃在政府與民間企業的緊密結合，集思廣益，朝著發展的目標邁進。日本成功的例子在歷史上實屬罕見。

日本是一個資源極端缺乏的國家，國土既小，又缺乏地下資源。但卻以戰後經濟成長的輝煌，一躍而為世界的經濟大國。每年的貿易黑字繼續攀升，目前已達到「一千億美元的時代」。日本商品充斥全球（美國的市場大半被日本商品所獨佔，連歐亞各國的情況亦然），日本商品帶來日本化現象，甚至引起日本與歐美之間的貿易摩擦。

日本高度的工業競爭力以及主要產業在世界確立其領導者的地位，這種經濟奇蹟則是利用其貧乏的國內資源，幾乎沒有得到外來的投資或支援，全憑自己的努力而達到歐美先進國家的經濟水準。

　　日本的經濟發展是建立在合理和均質的社會基礎之上。其實，在封建時代，便已有競爭的原理存在，有競爭才有進步。亦即在競爭的原則上，講求「和的原理」，這是日本企業管理的特徵。

　　日本人重視「和」的原理，即是將異質的東西，通過一體兩面，使其在分工的條件下，保持「和」的境界。日本「萬世一系」天皇制的特色是，天皇有權威，將軍（幕府）有權力，各自在政治與經濟保持優勢的權利。今日則總理有權力，而天皇仍保持權威，在保持權威和權力的均衡下，造成安定的分工，這就是「和」的原理。日本社會極重視平等和均質，因此，著重通才教育，而缺乏外國的「英才教育」。蓋在均質意識下，不容許有個人突出的現象或表現，這就是日本歷史上所以少見英雄或獨裁者的主要原因。

　　「大化革新」的聖德太子時代，是最徹底的「漢化」時期，但其所制定的憲章，卻以「和」為第一綱領，由此可見以和為貴的社會風氣，養成一種寬容性，一方容許競爭對象的存在，一方卻又互相競爭，共謀進步。「年功序列制」與「終身僱用制」乃是日本獨特的僱用制度。依序循進，不能以功超越級職，稱之為「年功序列」，但直到退休，不會遭到中途解僱，此即所謂終身僱用，這都是「和」的原理及其產物。


## 第四節　高度成長下的產業結構


　　始於明治維新的日本近代產業化，在政府的主導下急速的進行。1870年代完成廢除封建制度的明治政府，接著致力交通、通信、通貨、金融等的近代化，並推動近代產業移植而改為公營企業。推動此項「殖

產興業」政策的財政資金則求諸於修改地租的稅收，在毫無產業規模的當時，從全國人口八成的農民徵稅，在政府的財政上佔有壓倒性的比例，徵收與封建時代的年貢無甚差別的地租，充當扶植工業的資本。

推進近代日本的資本主義產業化，首先以纖維工業為中心而展開，20世紀之後，大力發展船舶工業等重工業的生產。

日本的經濟雖有急速的發展，但明治末年的日本，尚停留在農業國階段。根據1907年的統計，農林業人口佔62%，工業人口僅止於15%。而且工業人口之中，使用五人以上的工廠從業員工與官（公）營從業員工，只不過是22%而已。未滿五人的小型工廠或手工業，大多數可視為業主或家族從事者，則工業人口即使達15%，但近代勞工，只佔就業人口之中的5%而已。

其中，在員工五人以上的工廠工作的勞工之中，男工只佔四成，女工所佔的比率甚高，這是因為當時的工業，偏向於纖維工業之故。勞工的性別比重，加上公營工業，亦成四十四對五十六之比，考慮到所謂女工之多數為一時的做活，則近代的僱用者極為少數，明治末年的日本，雖經過四十年的近代化，仍屬於農家或自營工商業者佔壓倒性比重的社會。

自明治末年至大正、昭和初期的二十年間，日本的資本主義近代化，加速推動。明治末年，日本已由農業國，蛻變為工業國。農林業的生產已低於三成，工廠工業的生產已從三成弱，擴展為五成五。輕工業亦繼續發展，煉鋼業或造船業大為擴張，機械工業、化學工業、電機產業等亦有新的擴展，重化學工業發達。擁有五百人勞工的工廠，在明治末年，只佔五人以上勞工工廠的二成；昭和初年，則已超過三成。

雖然如此，據1930年的國勢調查，農業人口尚佔有人口半數，而

工業人口卻已勉強的達到二成；工業人口中，在五人以上的工廠，或在公營工廠工作的領薪勞工，居其三分之一。如與明治末年比較，雖然勞工有顯著的增加，但大體只佔就業人口的一成。戰前近代日本的社會，經過明治維新後六十年的昭和初年，可說是農家或自營工商業者的比重佔相當高的社會。與1907年相比，1930年顯示商業人口的比率增加，但即使如此，僱主與單獨業主較「使用人」（包含家族從事者）為多，尤其以中小企業居壓倒性多數。但值得注意的是，由於推動工業化數十年，五人以上工廠的勞工已有半數以上，轉到一百人以上的工廠工作。雖仍以纖維工業的比重居高，而勞工的性別比率勉強的達到各半，但因財閥企業為主的重化學工業部門的大工廠發展，以之為中心，產生了大工廠工作的近代藍領階級。雖然如此，在四人以下小工廠工作的勞工，較之五人以上的稍多，尤其男工的情況，約有六成為小工廠的勞工。

其後由於進入戰時體制，更積極的推動科學工業化。在十多年之間，農林業人口已接近四成，而工業人口則幾近三成；在五百人以上工廠工作的勞工，亦佔有工廠勞工的六成；就業人口中的僱用者，亦超過四成，這是因為戰爭，集中於軍需生產的結果。

這種產業化的進展，當然會促進都市的發展。農業人口超過八成的明治維新當時，都市人口只佔全人口的一成弱而已。亦即加上像樣的都市，及人口一萬以上的街市，也只有九十九個城市，其中人口比，未達一成。住在都市人口佔四分之一，其半數以上，都是自營的商人或小規模的家內工業者。

近代日本的社會，由於顯著的產業化，成為亞洲唯一的工業社會，但仍無法脫離農業社會的性格。隨著都市化的進展，整個日本社會，雖在物質上起了很大的變化，但本質上依然屬於農村社會。易言之，

一邊推動近代化，構成近代社會的人們大部分都屬於經營小規模的家族農家，或即使是增加，與前近代並無太大差別的商家、手工業的都市工廠，由業主與家族為主體而經營者居多。

戰前的農業人口，在1930年代已低於就業人口的一半，1940年已接近四成，加上林業、水產業的第一級產業，亦不過是44%而已。至此，日本已從農業國進而成為工業國。

戰後，此一比率反映戰爭所帶來工業的毀滅而再度上升，在敗戰後，農業人口超過45%，第一級產業人口超過就業人口之半。但日本經濟從復興轉為成長之際，農業人口降為40%以下，低於戰前的比率。其後與年俱減，此一比例急速的降低，根據1985年的國勢調查，目前農業人口僅佔8%，第一級產業人口亦低於10%。

戰後比例降低所示農業人口的急遽減少，乃是世界歷史上未曾有。1950年前後，由於戰爭，疏散、遣送回國的人口大量流入農村，使農業人口膨脹為一千八百萬人，高出明治維新以來至敗戰之間農民人口（一千四百萬）四百萬人以上。這種農業人口在其後的高度成長過程中遽減。根據1970年的國勢調查，農業就業人口約為一千萬人，其中專業的農業人口有七百萬人，可見在二十年間已減半。到1985年，農業人口減為四百八十五萬人，其間專業的農業人口祇有三百七十萬人。

農業人口的減少，與其就業人口比重之降低有關連，在人口數方面，恢復到戰前水準的1961年，其比例是三成，其後六、七年之間，低於二成。農業人口遽減為四百萬人，而就業者總數增加五百萬人，顯示數年之間，農業人口的比率從三成降低為二成，現在則已降低到一成不到。總之，轉為成長時期的1955年開始的十數年短期間內，第一級產業（農林畜牧業等）人口從四成降為一成不到，可證明戰後日本產業化如何急速的進展。

事實上，隨著第一級產業人口之比例降低，第二級產業（製造業）人口佔就業人口總數三分之一，1950年，不足三成的第三級產業（服務業）人口超過一半，而接近六成。日本經濟的高度成長過程中，比率最高的產業是製造業，其次是建設業、批發、零售業、服務業等。現代日本的產業別人口構成，第一級產業佔10%，第二級產業佔30%，第三級產業則達六成弱。歐美的先進國，第三級產業較之第二級產業比率高，由此可見第一級產業人口比率，已降低到接近歐美的水準，成為先進國的經濟型態。

在提高比率的第二級產業與第三級產業，亦可看到與戰前不同的性格。戰前的日本，紡織業佔壓倒性的比重，而戰後則已顯著的下降。從事金屬、機械、化學等三種工業者，1935年當時亦只有三成五，不及紡織的四成，1955年已接近四成，現在則已超過一半。看看生產額，機械工業從1960年到1965年之間倍增。從1965年到1970年五年間增加三倍，十年間增加六倍。接著，鋼鐵業增加4.2倍，化學工業增加3.6倍，纖維工業與飲食工業，雖亦增加二倍，但工業生產的急劇增加，主要是由於重化學工業的發展。1970年以降，鋼鐵業與化學工業擴展三成，而纖維產業卻成負成長。曾為日本工業主體的纖維業的生產額構成比，因此而下降為5%。由此可見重化學工業對全體工業所佔比重在出口額方面已超過六成，單在重工業方面，由於機械工業的飛躍發展而佔一半。機械工業在戰前只佔製造業從事者中的一成五，現在卻達三成五。在日本經濟急劇成長之中，這些機械工業，隨著設備投資之擴大，技術之革新與引進，家電產品或汽車需要之增加而顯著的擴張。在這種機械工業為中心的重化學工業化的過程，日本產業逐漸有生產規模巨大的企業發展，產生居世界大企業規模的企業。

## 第五節　企業管理

日本人的團結、警覺、專注、好奇心等特性，頗值得參考。日本企業制度使人有安全感、參與感、秩序井然。這些人和制度，乃是促使日本重建經濟強國的主要因素。

研究日本戰後經濟迅速成長的西方人士和日本學者，無不承認企業管理是日本企業成功的重要因素之一，也是日本具有與其他國家不同的特色。

日本企業管理有兩大特質：第一是稟議制度，即是企業會議席上一種妥協性的決策方式。一項命令或企劃，從最高順次傳達到下層，再從下層提案或擬定草案，以文書形式整理，順次得到上司的承認、裁決，這就是所謂稟議制度。第二個特質是終身僱用與年功序列制度。

日本式管理最大的特色乃在透過組織，達成「合意」的方式。此一方式正是今天日本的經濟發展或企業經營如此和諧的要訣，稱之為「事前協調、合意形成式的社會運作機能」。 在這種方式的運作下，決策形成之前，往往先有事前協調，把討論的議題或可能的反對意見，先散播出去，讓每一個參與者有時間去思考、衡量，在開會之前透過喝酒聊天等非正式的輕鬆討論，進行協調的工作，使每一個員工都有參與感，充分發揮團體精神。一般而言，每一個參加開會的人都可以發言，但不得破壞開會的氣氛。每一個人的發言只是對問題提出自己的想法，決策者將所有意見折衷之後，才做成最後的決策。這種稟議制，在日本的官方機構、大企業仍多採用，但以其過分注重形式、權威主義而被評為效率低，而有廢止之論。反之，由於記錄在文書上，

有主旨徹底，下情上達，容易達成有關人員間共識的優點，迄仍為甚多企業所採用。

戰後的日本企業在人事制度上有終身僱用、年功序列制度等特點，但到今日已不完全如此。終身僱用仍不免有解僱、調職等作法，年功序列制亦逐漸走向依據能力來考核的升遷之道。在此變化之下，日本式經營方式，與歐美先進國家的經營方式仍有不同。

日本的企業幾乎採用五十五至六十歲之間的退休制度，一旦進入公司，除非依個人意志而辭職，否則直到退休，一直在同一公司工作。

日本企業雖偶有因業績不佳，勢須整頓人員，或因倒閉而全員解僱的例子，但極少像歐美企業，採取有期限的僱用形態，或是以限制生產為由而實行解僱，或即時解僱的狀況。

西方人認為終身僱用制度是企業的毒藥，但在日本卻成為企業成長良性循環的泉源，員工效忠公司，努力改進技術、增加效率的根本良方。

年功序列與終身僱用有密切的關係，戰時在非常時期體制的特殊條件下更被助長，在戰後的工會運動（反對解僱）中更為發達。實際上，自明治以來日本近代化的歷史，已可見到年功序列與終身僱用制度的趨向。

其實這種一進公司，就屬於公司的制度，並不具有長期的歷史傳統，在戰前並不普遍，僅有少數大企業（如三井、三菱等）採用而已，甚至只限於高階層或專業人員才能享受這種特權。這種公司的興廢與個人的前途息息相關的想法，不僅白領階級，連藍領階級亦深信不疑。

與終身僱用制度同為日本式經營特色的年功序列，乃是設定工資體系或是升遷之際，除了考慮職務內容、勤務成績之外，同時考慮連續服務的年資，即是經驗累積的能力延伸的問題。每個人都可以依照

年資升遷、加薪。

　　日本的勞資關係和歐美不同,這種和諧關係是日本能製造高品質、低成本產品的主要因素。重視年資的想法,包含企業方面對於長年服務者的感謝之意。大多數的企業,雖其考慮的程度有別,但這種年功序列的方式,甚至連工資或升遷都適用。

　　最近幾年倡導美國式能力主義,有各種各樣的提案與試辦方案,但現實上卻遭遇很多的困難。其實任何社會都會有年功序列制與能力制兩種方法,但日本則是前者居於壓倒性的重要。

　　追求效率的管理方式,實際上是來自自由市場歸納發揮與運用,而協調、達成共識的人性管理則是來自經營管理決策的民主性。追求效率外,再加上人性管理的作法,並非日本式經營所獨有,但卻是日本實踐得最為徹底。

　　只要日本企業這種「共識」的精神和體制不變,在未來步入國際化以後,相信仍然能夠持續有效率的經營。在國際化經營下,日本企業如何訓練,選派具有國際性知識水準的人員,秉持著協調及達成合意的理念去參與海外投資事業的經營或管理,將是日本企業的重要課題。

　　不論中學或大學畢業,甚至是碩士、博士,一律須從基層做起,不論出身富貴或貧賤,在工作上一律平等。(一位一流大學畢業的碩士,進入石油公司,卻須從加油站的加油工做起;《讀賣新聞》的新進記者,須從地方通訊員做起;考須進鐵路公司的東大畢業生,亦須先當剪票員。)

　　日本公司的特色是經營權與所有權分開,大公司很少是父子相傳的。戰後企業界的大轉變,給與員工無限的希望,大多數的職員咸認為公司是員工的,而非股東的。

日本的企業界或工廠，每一位員工都安於做大機器裏的小螺絲釘，但在觀念上卻處於平等地位，客觀上待遇的差距亦小。一般企業的社長與新進人員的薪水是八比一，有些差距更小。如扣除累進稅率，則其間的差距非常有限。

在企業組織內部，僱主和員工的關係不像一般勞資的對立，即使是工會領袖亦有機會成為公司主管，甚至躍登社長寶座。因此，每個人的機會都是均等的。在此情況下，每個企業的員工都有職務上的保障。

日本人是屬於群體的，因其為同種族、同語言、同文化，有易於認同這種同質性，而不喜歡與眾不同的傾向。他們以為最大的恥辱是被排除於群體之外。有「冒出來的釘會被打回去」的諺語。日本人說話甚少以自己為主詞，而有「沒我」的觀念，具有妥協、忍讓的習性。

這種群體觀念來自基礎的教育與訓練。他們從小就在學校一齊唸書、吃飯，進入社會之後，公司也有各種團體活動，諸如組織球隊、合唱團或集訓，隨時隨地都在培養這種「和」的觀念。

# 第六節　科技發展

## 一、創造與模仿

日本人不排斥外來的文化，模仿性很強，這便是日本人的「求道精神」。中國人的道是「天下大道」，日本人的道則是「雕蟲小道」，日本人對雕蟲小技特別重視，在小技上精益求精，美上加美。對任何不

足為道的技術，都富有「求道精神」， 模仿而來的東西，一經日本人之手，常能青出於藍，變成更加完美精巧的東西。

從戰後日本的經濟發展過程中，日本自行開發的技術僅佔全體國民經濟30%，由此可見其技術發展依然偏重於模仿，而缺乏自主創造性，因而被評為科學和技術即使有傳統技術的根深蒂固，畢竟仍屬被動的和次級的，其主要產業大多仍依靠技術的引進。

日本在1970年代以前花費在購買專利權的金額，極為龐大。各大企業的研究機構，均投下鉅資，買進外國已受評價的獨創性專利權，再加以改良。如汽車、電視映像管與照相機等，大都應用歐美已開發的原理，經過長期的技術改良，配合低廉的工資和政商一體的積極推動，建立有效銷售網，始達成今日日本產品暢銷全球的聲譽。

就集體主義的倫理觀念言，似有阻礙日本近代化進展之嫌，尤其是江戶時代以前那種崇尚武士而輕視商人的日本人氣度。但信奉韋伯(Max Weber) 學說的社會學者，分析日本的經濟成長，認為日本人無視於反商的倫理,並且指出武士倫理是促進日本發展的主要因素之一。

但對於為何只有日本能將國外的技術吸收且運用成功，對此卻無法得到一個確切的答案，尤其在語言上溝通不便的日本（和其他先進國家的語言有顯著的不同）， 地理上又遠離工業化的中心區域，而文化上、氣質上更是有一段遙遠的差距，但是日本為何能夠衝破這重重的障礙，創造優厚的條件，比其他國家獲得更大的成功，的確值得探討。

幕末以降，日本原本就有追求經濟成長的企圖，19世紀中葉，日本領導者決心趕上歐美之後，便開始探索歐美經濟成功的秘訣，並且全力吸收。實際上，過去百年間引進歐美的技術，便是造成日本經濟奇蹟的主要因素。

明治維新是日本全盤接受西洋科技的開始。其實在幕府時代末期，已有優秀的武士投入科技發展的行列，成為後來明治維新工業化的功臣。明治維新所標榜的是「殖產興業」與富國強兵。為了全盤西化，訂立移植西洋科技的方策，此一政策的推行成果相當豐碩，而其首要之務是培養人才，成立大學，聘請外籍教授與科技人才。東京大學即在此一策略之下，一方面大力延攬外國學者，一方面自行獨立研究。首先是促進產業，發展科技；旋即著重軍事建設的富國強兵，並朝重工業發展。

至20世紀初的第一次世界大戰期間，由於受制於科技、資訊之不足，政府和民間乃協力自行發展科技，不但有國立的研究機構，民間亦成立了許多研究所（三菱研究所等）。 其中最著名的是專門研究基礎科學的理化學研究所，戰後培養了相當優秀的學者（有二位獲得諾貝爾獎）。

第二次世界大戰前夕，在政府主導下，所有產業及科技全投入戰爭，使科技發生偏差，尤其在戰後初期，日本的科技呈現枯萎的現象。及至1950年韓戰爆發後，更暴露了日本科技落後的弊端。但在1949年，京都大學的教授湯川秀樹獲得諾貝爾物理學獎，對日本產生了相當大的鼓勵作用。1950年以後，日本政府成立了科學技術廳，努力培養人才，同時全面引進科技與設備，全力研究開發。

1950年代，由於人民生活困苦，因此著重民生工業的開發，積極推動農業機械化、機械工業化，並全力振興紡織工業。

戰後日本發現工業不發達的主要原因在於機械工業的落後，因此趁韓戰爆發，獲得美軍軍需承包（特需）的良機，進行機器、工具機的汰舊換新。此外在民生工業方面，由於石油、煤炭等天然資源之缺乏，有賴國外輸入，遂積極地從事運輸技術開發，促成造船工業的蓬

勃發展。

1960年代經濟高度成長期，隨著「所得倍增計劃」，擬定十年科技發展計劃法案，以電子工業、尤其是家電工業為發展重點，著重技術改革與研究開發。但由於過分偏重科技發展，發生重大的環境污染等公害問題，卻亦使日本加強其對科技（尤其是化學產業）發展的改進。

1973年的石油危機，對缺乏石油、天然氣及煤炭的日本造成很大的衝擊，甚至視之為「國難」。此一階段的技術引進逐漸發生困難，蓋歐美各國亦受能源危機的影響，因此新的科技呈現衰退現象。

為了克服石油危機，在能源科技發展方面不遺餘力，亦獲得相當的成果（如煉鋼、省油的汽車等），同時加強對自動化生產的研究。

至此，日本開始提倡技術立國，即採取以技術換取資源的政策。蓋其體認到先天的資源缺乏，必須發展高科技俾能在世界上爭一席之地。

1970年代，日本的科技已有趕上歐美之勢，尤其是在半導體相關的科技領域（如IC，記憶體方面）已超過美國，光纖方面亦於1978年研發成功。

1980年代，日美之間發生科技、貿易摩擦。1982年，發生IBM與日立、三菱等公司之間的工業間諜事件，引起日本對科技問題的反省與檢討。日本的科技從引進、學習、模仿、改進、自立到革新的過程，固然有其輝煌的成績，但仍不免有佔人便宜，缺乏獨創性之譏。因此，乃積極的推動自主性、獨創性的科技研究。

1981年，日本政府擬定革新技術研究的高科技十年發展方案，著重於新能源（太陽能等）的開發、情報技術（半導體、第五代電腦、光纖通信）與生物工業。這項由通產省的工業技術院和科技廳提供經

費，協助企業成立「聯合研究所」，從事科技研究的方式，頗著成效。

## 二、日本型技術成功的因素

1970年，日本成為技術先進國，目前已是名符其實的尖端技術大國。由於尖端技術的發達，使情報產業日新月異，亦使環境發生很大的變化。

自1972年起，技術輸出所獲金額開始大過技術輸入的支出，每年以2.2倍到3倍的程度與年俱增。其投資在尖端技術的研究開發費，在1985年已躍居世界第一（約佔國民總生產(GNP)的2.77%，較之國防預算的1%，多出2.7倍）。

從工作機械的機械人到光電通信、電腦等高度化的新媒體，生命工學以及陶器類(ceramics)的新素材工學，已取得世界最高水準的尖端技術，其成果不僅已產業化，且更走入家庭，為一般消費者所使用。

日本企業經營體的構成原理，與日本型經濟有密切的關係。蓋日本勞工對所屬企業均抱持一體感和忠誠心，即全體員工的同位一體的連帶感，從業人員與其著重個人的權利或報酬，毋寧看重企業的安全和發展。忠誠心就是全體員工的愛社（公司）精神，極少勞資糾紛和缺勤，並且和上級的領導者有緊密的意見溝通。這種員工心態和心情，實源自日本社會特有的年功序列制和終身僱用制。

有此兩種制度的保障，日本人不會有失業和就職困難的恐慌，社會也不會發生不安。一旦被公司採用，即可依照年資晉升，不會有遭到中途解僱的憂慮。這種企業經營的發展途徑和機能，與西歐的管理方式有很大的不同。

日本社會的階級和階層的差距非常小，大地主和大富翁極少，日

本人有八成以上的人都自認為是中產階級（中流意識）， 國民文化水準高，大多受過中高等教育。因此，作為社會構成之一員，均具有強烈的群體意識，有積極的向上意識，加入企業活動。這種均質化的中流社會，消費活動特別旺盛，大眾的大量消費促進了經濟的高度成長。

　　由於工廠場地狹小，很多產品生產和技術革新都侷限在這狹小的地方。工廠或研究所，在工作的種類和能力的區別上都有流動性，高學歷的技術人員親自到生產現場，親手操作其所開發的技術，低學歷的工人則可以在現場獲得各種技術。

---第三章---

# 政治與法制

## 第一節　日本政治的特性

### 一、日本國家的象徵

日本的國名是NIPPON，或NIHON，即「日出之國」「日本之國」之意。起初稱為YAMATO，至7世紀初，聖德太子在其致送中國的國書中有以「日出之處」自稱，遂以日本為對外國名（中國居於亞洲大陸，日本在其東，太陽較之早升，而命名）。

中國自周、秦以降，稱日本為「倭」，「倭國」，「倭奴」，以蝦夷之音譯說較為可靠。至於「日本」國號由來，有謂因其國近日所出而命名，一說據《正義》云：「武后改倭國謂日本國」，認定係由中國命名。

JAPAN之英語由來，始於唐朝時代，日本發音為Zipangu，馬哥孛羅的遊記中加以介紹，世人有 Zipangu or Jipangu 的稱謂。法語的Japon與德語的Jipan亦與Japan同一由來。

神話中天皇的祖先神天照大神(Amateras Ōmikami)為太陽神，因此具有太陽為日本最高之神的意味。

國旗是日章旗，白地紅日，極為簡單的設計構想，自古即有「太陽所出之處」的日本意識；且由於神話的天照大神為太陽神，主要使用於神社，至16世紀前後，為了與外國船隻區別，而作為掛在船上之用。1870年，乃制定為懸掛於日本商船的國旗。

國歌「君之代」(Kimigayo)是10世紀的歌集《古今和歌集》之中的戀愛歌曲，於19世紀後半，改編為讚美天皇的歌詞、作曲而成為國歌。戰後，由於其中的歌詞有天皇崇拜而受批評，但目前仍然沿用，而未有取代的國歌。

## 二、日本的政治

日本的政治最令人不可解的是，表面上一切都可以用西方觀念解釋，但事實上卻完全不同。日本的天皇是虛位元首，國會是由不太有權的參議院與操持大權的眾議院所組成。首相是由國會，而非由選民直接選出。但是日本卻有很多制度事物都有兩套，除了英國式的國會與政府之外，日本又採用兩項美國式民主的保障：成文憲法和最高法院。最高法院則擁有裁定行政行為及國會立法是否違憲之權。

形式上模仿英美政府的組織，但是日本政府的功能卻和英美不同。尤其是政治運作過程中最重要的因素，都只有作法而缺乏法律的根據。

日本知識分子跟權力或是政治圈的關係很疏遠，日本沒有像美國的季辛吉與當權者十分親密的知識分子。日本的知識分子多半是思想上傾向「前進派」（左派）人士。他們所追求的是柏拉圖式的政治秩序，鄙視從政者為個人爭取榮華富貴。且認為今天在日本要建立這種政治秩序，是很不切實際的，因此大部分知識分子都拒絕從政，而寧願保持清高的身分，批評政治。

　　吸引能力超凡、聰慧過人的年輕人投入公務員行列的，顯然不是物質的報酬，或是官職的顯赫。除了部長、次長級的高級官員之外，一般官員很少擁有私人辦公室，須與眾多的同事擠在狹小的辦公室內。公務員的薪水和民間企業是不能相提並論的，但很少公務員是貪污的，因為他們每個人都以國家利益的守護人自居。

　　日本的公務員多以保衛國家利益為己任，並且會自動而積極地與民間協力來決定發展國家利益的施政方向。

　　每一個政府機構經常都會針對所管轄的事務從事相關的調查研究，針對問題提出行政指導原則，並將成果付印出版，其中以通產省每年出版的白皮書為最著。這不是學術性的著作，而是實際而精確的分析日本及世界經濟的動向，並提供日本企業界如何因應未來趨勢的方策。

　　打破日本社會的前近代要素——舊民法上家族之中設定序齒的家族制度，或男女社會地位之差別，與明治維新倡導四民平等原則有違的身分秩序，尤其是農村社會身分地位的差別，推動整個舊日本的政治與經濟的民主化，乃是佔領軍賦與日本政府的最高使命。

　　自民黨內的派系壁壘森嚴，派系組成分子通常不敢越雷池一步，不會跳槽，此實與日本的社會倫理攸關，稱之為「永田町倫理」（永田町是日本政府和國會所在地）。日本的社會倫理和各企業公司的倫理一樣，是重視「年功序列制」和「終身僱用制」。易言之，從當選第一次議員資格後，便打上某一派系的烙印，依照當選的次數，依序輪流擔任內閣的次官或是大臣，最後被推為派系領袖後，便有希望出任黨魁的職位，而首相的寶座乃唾手可得。

## 三、天皇制

## 1.天皇制的歷史意義

日本天皇與天皇制乃是日本歷史上特異的政治現象，自古至今，給與日本國家制度與社會各領域很大的影響。

日本的歷史無異是一部天皇的歷史，自古以來連綿賡續。有一段時期，天皇擁有絕對的權力，藉由與神一體化而享有政治權威，同時具有神的權威。

有時權力者利用天皇的名義，伸張勢力，有時在天皇名義下，以和平手段擁有武力，因此，談到日本歷史，不能不涉及天皇的存在。

根據神話，西元前660年，首位神武天皇已即位，以後直系的子孫代代相傳，直到現在的天皇明仁(Akihito)是第一百二十五代。但實際上，具有史實的天皇的存在，應是4～5世紀以降的事。

天皇崇拜必然聯想到國家神道，但在幕末以前，根本沒有所謂國家神道，甚至連神道的獨立都有問題。日本的傳統無寧是神佛「習合」（合一）。至於天皇的神格化，僅只是在古代的神政政治時代而已。以後，一直到明治維新，皇室的喪葬祭祀，均採佛教儀式。推動天皇崇拜的直接前提極為缺乏。後來如何克服這種困難，扮演重要角色的是日本傳統特有的家族意識。第一是家族國家論的擴大與加強。在近世頂多是大名（諸侯）領國單位，旋即改編為以天皇中心，強調對父母的孝與對天皇忠心之一致。因此，日本人全變成「天皇的赤子」。第二是祖先崇拜集中於天皇崇拜。界定日本人的祖先，均出自皇室，而皇室成為日本人全體的總本家。天皇為總本家的當主，佔有特別的地位。如此，新的天皇崇拜，乃定型為動員家族意識的祖先教的形式。從佛教分離的神道，就此堅固其教義，而加深對天皇的崇拜。

日本人常謂日本民族的微妙性(unique)，乃出自其先史時代即有

萬世一系的皇室。至 7 世紀，引進中國的法律制度，天皇親自執政，但實際執政的時間甚短。自西元 9 世紀以降，天皇已喪失實際統治的能力。此後政治由貴族與武士把持，雖有種種的變遷，但掌權者的法源卻是一貫的採取天皇授與權限的形式。

自 1333 年，後醍醐（Godaigo）天皇企圖恢復天皇統治權失敗之後，已不再有顯著的復權運動。雖然如此，日本人對皇室尊崇之念卻絲毫未稍衰退。及至第二次世界大戰之前，對所有正統的政治權力均來自皇室的想法，從未有人提出異議。

9 世紀以來，將軍掌握政治大權，至明治維新始行「大政奉還」。1890 年，公佈大日本國憲法（舊憲法，亦稱明治憲法），規定主權在天皇，天皇的政治權力及於軍事權。此一憲法成為其後五十五年，左右日本歷史的基本法。

19 世紀日本近代化的第一步，是在「王政復古」（天皇恢復親政）的名義下進行。此後約有一世紀半，對皇室的關心與尊敬日增，策劃倒幕的志士，標榜尊皇攘夷。王政復古使天皇再度回歸政治舞臺，所有政事均在天皇名義之下進行。但明治維新的領導者，亦未懷抱天皇實際統治的想法，蓋一千多年來，天皇雖有君臨之名，卻無統治之實。1868 年登基的明治天皇，只是沖年十五歲的少年。及長，雖亦發揮其影響力，但重臣自以為是代「聖意」而執政是天經地義的事。

明治維新後的新政府，為了解決數十萬舊武士階級的疑慮和離心傾向，致力加強天皇的絕對權威性，做為新的國權中心，以及人民團結的中心。日本的資本主義因其後進性，必須建立雙重結構的精神勢力，意即近代科學的合理主義和天皇中心的神秘主義的結合。

其間雖有一定的潛在矛盾，但在新興資產階級的利益原則統御下，尚能發揮一定的複合作用。易言之，無論是明治年代的體制現代化、

殖產興業、富國強兵政策，或所謂大正民主時期的政黨議會政治與產業革命，或昭和年代的「國防國家」「非常時體制」「增產報國」等，都是基於上述雙重結構的指導方針下完成的。當然，在此一段期間，有時亦難免顯露雙重結構中內部矛盾的表面化現象，但大致說來，總歸於精神原則的勝利，而在實質上則資產階級的利益，經常居於主導地位。

繼明治天皇之後的大正天皇（1912～1926年），身心虛耗，無法依其意志行事。昭和天皇則是統而不治。但直到第二次世界大戰為止，日本的領導階層，一方對天皇抱持敬意，一方卻忽視天皇本身的意願，擅作集體領導。明治、大正、昭和三個天皇，從無違逆輔弼之任的閣僚的決定，而依據自我意志強制執行的例子。

日本天皇並非傀儡，近代天皇制，依據大日本帝國憲法，天皇掌握「國家統治大權」，由直屬的龐大機關（包含軍事、警察、行政等官僚制），專制性的行使其權力，實為日本國家政治形態的最大特徵。

一般平民被教導不得直視天皇，全國各地的學校均頒賜天皇的肖像，作為神聖的「御真影」，安置在特別的建築物中。其後為了防備不時的災害，特建造了鋼筋水泥的奉安殿供奉。無異當作「現人神」（arahitogami，外表為人的神）崇拜。

1920年代，美濃部達吉教授的天皇機關說❶，幾乎為所有知識分子所接受，但在1935年，卻受到不敬罪的宣告。

其實，須瞭解天皇本人的思想與意志，始能確實的瞭解天皇制的

---

❶ 天皇機關說是美濃部達吉所持憲法學說，主張「主權在國家，而不在天皇，天皇的機能如同法人的理事，代表國家的最高機關而行政」，亦即在明治憲法下，適用德國耶利尼克(Georg Jellinek)的國家法人說，以為天皇的統治權與私權不同，而具有公權的意義，重視立憲政治甚於大權政治。

本質。實際上，天皇，尤其明治天皇與昭和天皇，均曾有獨立而相當優異的自我意志主張。他們對日本近代史，無論在政治上、道義上，均負有重大的責任，當然包含法律上的責任。以明治天皇為例，即曾親自主持明治維新重要的政策決定——小御所會議，發動改變日本歷史命運的宮廷政變，發佈「五條誓文」，平定西鄉隆盛的叛亂，頒發「大日本國憲法」，甚至發動對外戰爭（甲午戰爭、日俄戰爭），這些戰爭都是依據明治天皇的意志所發動。裕仁天皇年輕時，雖曾對軍部的所作所為感到不滿，在戰爭前夕，亦曾要求慎重考慮，但他個人所作唯一的重大政治決定，只有在1945年8月，當內閣會議為了是否接受同盟國的最後通牒投降而正反意見旗鼓相當時，作出投降的決定而已（其實這也是受到近臣的慫恿）。

　　第二次世界大戰期間，學校教育一方面教導絕對主義的忠君愛國思想，但另一方面，卻也努力提升科學的水準，在這種日本特有的精神風土中，精神主義固然屬於必須，但同時也不能沒有務實的合理主義。具體的說，在統治者策略價值觀裏面，維護天皇制的神聖地位和建立戰時民政系統、整備戰爭的物質等，即使範疇不同，但卻具有同等的重要性。

## 2.天皇制的存廢問題

　　第二次世界大戰的終戰處理，天皇的存亡成為一大問題，同盟國經過檢討之後，決定削減舊憲法規定的天皇權力，保留象徵性天皇制。

　　1989年，裕仁逝世，明仁繼位，稱為平成天皇，他是依照新憲法規定即位的天皇。根據日本憲法第二條規定，皇位的繼承以世襲為原則，因此，皇位繼承的資格必須來自血統關係，且僅限於嫡系。日本過去雖曾有過女帝，憲法亦未明文規定排除女系（女性）繼承，但依

照「皇室典範」，卻只有男系始有繼承資格。

依據以上嚴密的規範，天皇已無法對實際政治造成影響，戰後，日本國內屢次發生動亂，政局不安，但天皇從未介入，由此可見象徵天皇制已成定型。

既不允許天皇介入實際的政治運作，卻由於價值理念、政治因素以及制度上的需要，使天皇制仍得以殘存。

由於日本戰後的復員進行順利，大出盟軍之意料，麥帥將之歸功於天皇制，而贊嘆說「天皇足與二十個師團匹敵」。 當時日本國內廢止天皇論是極為微弱的，只有共產黨極為少數正面的主張（戰前就如此）， 頂多只有裕仁天皇的退位說而已。戰後多數日本人對祖先教的天皇雖感到厭倦，但一般人仍然期望保留任何形式的天皇制。

事實上，終戰後至新憲法公佈之前，天皇的地位並不穩固。即不僅在國內發生社會主義者以及中下階層要求廢除天皇制的壓力，國際上亦面臨蘇俄、澳洲、紐西蘭等要求將天皇列入戰犯審判以追究戰爭責任問題。

因此，裕仁天皇一方面以其影響力，集結保守勢力，協助維護盟軍總部的佔領體制，另一方面，一改戰前神聖不可侵犯的姿態，主動到全國各地巡視，採取低姿勢接近國民。結果得以在盟軍總部的策劃下，確立新憲法中的象徵天皇制。雖剝奪了天皇制的所有權力，卻使天皇制得以保留，同時避免了戰爭責任的追究。

此後到舊金山和約生效為止的時期，以蘇俄為首的社會主義國家，雖仍不斷地主張追究天皇的戰爭責任，但以美國為首的西方國家則確認不追究將更有助於佔領政策之遂行,符合民主國家陣營的整體利益。

自舊金山和約生效至1960年安保鬥爭時期，天皇的地位進入安定狀態，符合憲法所規定象徵天皇制的內涵。這時日本已恢復其完整的

主權國家，天皇的地位更因此而獲得保障，不再受到外來的各種威脅。天皇已漸能適應憲法中象徵天皇制的規定，當不再介入政治性活動。

　　1960年代的安保鬥爭，引起日本社會的混亂狀態，因此，以自民黨為主的保守勢力頗有借助天皇的權威，重建社會秩序之意。於是，昭和天皇遂又被塑造成威嚴的形象，再度與民間隔離。諸如舉行天皇在位五十週年慶典，促使國民重新認識天皇存在的功能，同時加強靖國神社（奉祀為國犧牲將士的神社，有如忠烈祠）的地位，以恢復天皇的神聖性。此舉之目的乃在藉此加強國民的民族、國家意識，對內壓制社會主義，遏止階級對立的意識，對外提振國民的愛國心及其對政府的向心力。

## 3. 戰前與戰後天皇制的比較

　　從日本資本主義體制初建之日開始，天皇主義與軍國主義成為二位一體的，內部凝結和對外擴張的推動力。天皇主義是軍國主義的目的，軍國主義則是天皇主義的手段。當然，在政策推行的現實過程中，亦有兩者互相轉化的情況。如天皇的神秘性在主觀心理上淨化了軍國主義的黷武、橫暴和血腥，而軍國主義的精神主義，也抗拒了明治維新以來衝擊著日本思想界的近代合理主義，堅強的護衛天皇制的延續。

　　戰前的天皇是在絕對君權神授論，皇室自律主義之下，總攬大權。戰後則依照日本憲法（第一條）規定，天皇的地位乃基於全體國民的「總意」而來，因此依據法理，國民的意志可以修改憲法，廢除天皇制。足見天皇的地位不再是神授，而是由國民所賦與，亦即受國民主權原理所支配。更明確的說，天皇已從神的天皇變成國民的天皇。不僅在皇室財產方面，完全收歸國有（過去富可敵國的財富，已成國民共有的財產），甚至由「神」格降為「人」格。1946年元旦的「人格

宣言」，已否定過去不實的觀念（宣稱「視天皇為現御神，且視日本國民優越於其他民族，甚至具有支配世界運命的觀念」乃是杜撰而錯誤）。

天皇的權位，就新、舊憲法加以比較，實有顯著的差異。在舊憲法之下，所有權力都集中操縱在天皇手中，天皇擁有絕對的主權——掌握統治日本國臣民的權力，因此，重臣或軍人、政治家等，為了擅權，易於利用天皇。易言之，政治的運作並非為國民，而以特權階級為中心。

1947年開始實施的新憲法之中，採取「象徵天皇制」，天皇成為國家以及國民統合的象徵。在現行政治體制中，天皇變成一種被動而消極的存在，喪失任何主動而積極的功能；即不再擁有任何參與國政的權能，也不允許其干與實際政治。為了防範這些弊害，乃將權力分成立法、行政、司法三權，成立國會、內閣、裁判所（法院），各自獨立行使。新憲法規定主權在民，即以國民主權取代了天皇主權。天皇僅成為日本國的象徵。現在天皇的責任，僅限定於外交禮儀與形式的行事，如宣佈國會的召開、大臣、大使的任命、法令的公佈與國家重要慶典儀式等的主持而已。

現在日本除了西曆之外，仍併用中國以及東南亞使用的元號。元號係於天皇即位或天變地異時改元，較之西元，年數在二位以內，有容易記憶當年發生事情的優點。明治維新以降成為一世一元，天皇在位中僅用一個元號。

## 四、雙重政治結構的精神勢力

如把戰前陸軍著名的皇道派和統制派的派閥現象加以理念化，也

許可以反映出一些意義。關於兩大派系的形成過程或具體背景等，外國人也許不易掌握全貌。蓋其代表軍國主義方法論中精神主義的偏重和合理主義的偏重，兩種不同意識形態的糾葛。前者主要以日本國體和皇室的絕對價值和「八紘一宇」（Hakkō ichiu，世界一家）的皇威做為建軍的基礎；後者則把「社會力」視為「軍力」的前提，強調軍部首腦必須研究科學的社會分析，維繫和社會各階層的適當關係，多做國民動員的過程研究等。兩派之間的暗鬥相當尖銳，甚至引發了多次的流血事件。但自昭和十年（1936年）以降，陸軍中央的實權逐漸落入統制派手中，蓋皇道派的精神主義，幾乎是一種精神美學，它的慷慨壯烈的宣傳，畢竟只是群眾心理動員中的因素，但對於指導戰時生活，組織社會資源，建立戰時體制方面，卻缺乏全盤的領導能力。但卻也不能否定，皇道思想的宣傳是國民動員中不可或缺的一項。

在統治者呼為「日本精神」的背後，發現到一種隱藏的詭計，從此一角度加以觀察，才能瞭解戰後的天皇在形式上和軍國主義或右翼主義分離的理由。那當然不是因為需要防止反軍國主義的群眾心理發展到反天皇主義，天皇只有離開軍國主義，才有施展新粉飾的可能。在此轉變過程中，凸顯出來的倒不是甚麼和平天皇的物理性格，一個政權的基本任務，是替統治階級提供最佳的服務。在此原則上，策略手段的多元化，無寧說是有利的。

傳統的天皇主義的確有獨特的意義和作用，但不可能是「唯一」的策略工具，更不是唯一的目的。日本國家的真正權力核心，可能就是財閥與政府的複合體。絕不可能是天皇，不論他是和平的，還是好鬥的，隱身在天皇背後真實的國家支配中心，只要一直延續著，只要它的階級屬性不變，即使日本的市民社會有一天真的把皇室清算了，改稱為日本共和國，今天的日本經濟帝國主義還是不會變，說不定還

讓我們看到沒有天皇的軍國主義。因此，曾經在日本帝國主義的毒害下受苦受難的亞洲人民要密切留意的，應該不是表面的天皇現象，而是日本統治結構整體性的動向。

以上概述了日本人的天皇觀，有關天皇問題的微妙性及複雜的關連性等，超越外國人理解範圍的地方恐怕不少。但外國人之所以不得不關切日本的天皇制度，理由只在於它的對外危險性，這是歷史帶來的警戒心理，說不上是偏見。

歷史的步伐是註定要走過無數個階段，由戰爭到和平，由侵略到合作，由災害痛苦到和諧進步，這是人類共同的、永遠的期盼。

日本的天皇因其特殊的政治作用，而成為一種擬似的目的，當然還不足以成為日本人民一切進步運動的「最後目的」。不過也許在不久的某個時期，因為現體制矛盾條件的成熟，而浮現為一個人民抉擇的焦點，也就是對於它存在問題的全面質疑。

日本的天皇被期待為無須盡任何義務，卻須活在完全無我的「大義」之中為民著想的完全人格者。天皇擁有最高的人格，完全無私，因此，得與神共存。直到現在，日本這種完全人格的觀念仍然很強。

因此天皇縱然不是神，卻應是毫無謬誤的無限責任所有者。日本人要求所有的領袖都具有這種雛型的天皇性格，要求他們都具有與屬下不同的完全人格。反過來說，天皇就是以這種理想化的無私領袖姿態被人民所接納。

表明天皇與國民利害休戚與共，雙方紐帶繫於相互之間的信賴與摯愛，非靠神話、傳說，更否定天皇為現御神(akitsumikami)，日本國民優越於其他民族，甚至世界命運的虛構觀念。

儘管如此，日本社會仍然可以說是成立在以天皇為頂點的金字塔型統一秩序體系之上，因而具有「異質的」上下關係的團體才能巧妙

地納入這一大秩序裏而不致發生混亂。只是這種體系並不明顯，亦表現不出具體的社會關係。

另一方面，日本領導階層的自我表現方式亦與歐美不同，無論是宗教團體或是大公司的董事長，無不以微妙的方式來反映天皇制度，即假借天皇權威以自重。

表面上看來，這種三角形的結構彼此糾纏的程度錯綜複雜，但貫穿其內部的秩序卻極其簡單，亦即大多與職業技術毫無關連的抽象觀念「道」，每個人都專注於此道，而形成天皇居於最高地位，底下就是一群具有雛形天皇的領導階層所組成的結構。

現在，人們已不像過去一般地崇拜天皇，但這種隱形的心理牽絆仍然存在。大都市的基層群眾已無戰前那種無條件皈依天皇的信念，但在稍被納入前述體系內的人們心裡，依然可以感受到這種隱形的體系存在。雖然這是無法直接透視到底層，但至少能清楚掌握到比自己高一層的關係，這種關係層層往上推，最後就是天皇。這種感覺雖極其含混，但確實存在於一般人的潛意識之中。

依據新憲法，戰後的日本天皇已無行政權，並非國家元首，其肖像並未掛在海外日本使領館牆壁上，亦未印在郵票上，因此，不會體認其為日本人精神嚮導的重要性。戰後的日本被迫重新思考如何給與天皇定位，由裕仁臥病數個月期間，全國各地百姓大排長龍，祝禱玉體康復的事實，即可瞭解其地位之崇高。因而令人擔憂日本人懷舊之情，是否會帶領他們重新追求昔日大東亞共榮圈的野心。

年輕人仍樂於天皇繼續扮演皇朝世系不斷（萬世一系）的象徵，日新月異的日本精神表徵。裕仁的確在帶領日本走向和平、民主的路途，以及經濟復興的大業上，殫精竭慮，大有貢獻。

少數極端國家主義者，依然頑強地主張，天皇應恢復戰前的國家

元首地位，甚至神格地位；修改戰後的憲法，讓日本恢復戰後被麥克阿瑟元帥剝奪的重建軍備之權。他們依然堅信日本要抬頭挺胸，做個掌握自己命運，能向美國人說「不」的日本人（少壯派的石原慎太郎為代表）。

## 第二節　法律意識與法制

### 一、日本的法律制度

自古以來，日本的典章制度雖然受到中國很大的影響，但在國家體制與法律制度方面，卻仍保持其原有的獨特性。中國長期以來保持專制皇帝中央集權統治，而日本的中央政府權力很小，其政治體制是封建諸侯的地方分權統治。中國自古即有「溥天之下，莫非王土」的傳統，全國土地屬於皇帝所有，但日本則歸封建領主或農民所有；中國的農村係以血緣關係為主的宗法統治，而日本的社會則是以村莊為單位的地緣關係的結合，封建的宗族統治勢力較弱；中國的封建法律在全國各地均發揮其作用，但日本的封建法律作用卻較為微弱，各地主要的是幕府和諸侯的法令與農村的習慣法居於主導作用。

從1880年開始到20世紀20年代，日本在西化的思想影響下，以大陸法系的主要國家德國和法國的法律為典範，制定了一系列的法律。第二次世界大戰後，卻一反過去實行西方法制主義的立法方針，在美國佔領軍當局的影響下，實行全盤美國化的立法方針。雖然如此，但戰前的立法並未全部廢除，且在這些法律中有相當部分屬於借用德法

國家大陸法系的法律，至今仍有效地發揮作用。如民法、商法、民事訴訟法、刑法等，都是屬於大陸法系的法典。可見戰後的日本法是混合英美法系與大陸法系所組成。而在法律的執行方面，仍然以大陸法系的法律居主流地位。

由於日本的法制建設與歐美國家比較，起步較晚，外來兩大法系的影響比較雜亂，與歐美人比較，日本人的法律意識又具有鮮明的特點。1946年戰後憲法頒佈後，由於法制觀念薄弱，以及日本的特殊情況，大多不關心憲法，且多認為是外在勢力強迫性施壓的結果，更談不上自覺性的實施憲法，維護憲法。在制憲後一般人對憲法均漠不關心。及至60年代以後，隨著社會經濟條件之變化，日本人對於憲法與法律的關心及意識程度才開始有所轉變。在實際生活中，人們越來越感到憲法與法律的重要性，不關心的比率不斷地下降，知道憲法是規定國家根本大法和國民基本權利與義務，具備法律常識的人，從1965年以後與年俱增，認為憲法和人民生活有關係的人亦日增。近二十年來，對憲法規定國民基本權利（人權）的認識顯已加強，尤其是對勞工的基本權利非常關心。對侵犯人權的事件或憲法訴訟案件顯然已表現其較強烈的關注。

## 二、日本人的法律觀

### 1. 法律觀

絕大多數日本人對西方的法律觀念仍感到相當的陌生。日本人認為企圖利用契約，把雙方束縛在條款上，是一種荒謬的作法。

美國人常用的「司法」(justice)，日文就是「正義」(seigi，即是

right principles的意思）之意，和法律事務並沒有任何必要的關係。總之，日本人的法律意識，與梭羅(Henry Thoreau)所說「與其尊重法律，不如崇尚正義」的理念相仿。

戰後日本議會政治不能圓滑而正確的運作，特權橫行。由於民眾大多缺乏法律意識，因此，一旦發生事端或糾紛，卻仍儘量不訴諸法律，只求息事寧人，有大事化小，小事化無的傾向。

日本人的法律意識淡薄，蓋其著重和諧、協調，萬不得已，絕不訴諸於法，甚至看不起懂（賣弄）法律者。善惡之分，以不懂法律為標準。輸者為贏，即有「吃虧即佔便宜」的看法。

日本人既不重視法律，亦缺乏契約觀念，這種情形直到戰後仍無多大改變。很多受過民主教育的知識分子，即使簽署了契約，但在履行時，總會隨意挑剔，足見其缺乏現在社會基礎的契約觀念。

日本的法律制度雖相當完備，但由於缺乏法律意識與自覺，因此法律在實際生活中，似無甚作用。咸認道德、公德心才是超過法律，足以操縱社會及人際關係的力量。這與歐美現代法治國家在本質上有顯著的不同。因此，根據歐美的方法論來觀察日本社會，當會有以偏概全，或落於形式主義之虞。

日本人大多缺乏法律意識，此一情形與日本大學以法學院為主，官僚大多以法學院出身者佔壓倒性優勢有關。日本儼然是一個以法學院畢業生為主的官僚王國。日本官僚大都為東京大學法學院畢業生，大藏省官僚中，有九成以上的課長是東京大學畢業，其中大部分是法學院畢業，法學院畢業生被認定為「菁英中的菁英」。

日本自明治維新以來，即為極度的中央集權國家，現代化的推動幾全屬由上而下的領導。日本雖為現代法治國家，但是真正懂得法律的人畢竟不多，法律概屬菁英分子的特權。自明治維新以來所謂菁英

分子,乃是一流大學的高材生。受教育權既無限制,因此,不論其家
庭、身分或財產多寡,只要有優秀的成績,就能經由大學法學院的途
徑,晉升為統治階級,這一點顯然具有社會現代化的意義。雖然日本
的學閥色彩仍甚濃厚,但是比諸英國之著重個人出身及父蔭的條件,
顯然較為合理。只是邁向高級官僚之路,僅侷限於少數有名的公私立
大學,尤其是東京大學、京都大學或私立慶應、早稻田等名門大學畢
業的極少數人。

　　在日本人心中,一切法律似仍停留於「禁止踐踏草坪」或「禁止
吸煙」等警告牌之類的感覺而已;所有法律都像憲法一樣遙不可及,
與實際生活產生不了直接的關連。當人們違法而被問罪時,就暴露出
一般人心中自以為有道德的約束,而無需法律規範的心理。因此,人
們反對嚴格引用法律,認為「凡事不要做的太絕」。 在此意識下,即
隱含著法律就是一切道德法的意義。因此人們對法官的信賴,不在於
他是否能忠實公正的執法,而在於他是道德家或是賢哲。人們所期待
的法官,並不是認真援引法條判案公正不阿的「包青天」型人物,而
是具有賢哲般理想智慧的人,法官亦以賢哲自居,甚至扮演垂訓眾人
的傳教師角色。因此,常會發生一些法官引用已不適用於現代社會的
道德律,或僅適用於局部地方的道德觀,詮釋法律。由此可見,法律
意識和道德意識混淆之一斑。

　　德川時代長期以來的極端高壓統治,使日本人潛意識裏對法律產
生憎惡與違抗,一般人缺乏法律意識,大多只能從違法生存的人中去
尋找心中的英雄(如流氓、「無法者」(粗暴蠻橫的人)或中國的遊俠
等)加以崇拜,這也是日本「暴力團」(流氓幫派)特盛的原因。

## 2.戰後日本人的法律意識

(1)私下和解的方式

日本人的法律意識薄弱，一般人均不喜歡訴之於法，其原因大多是由於厭訟的情結。發生糾紛的當事人，通常不太願意向裁判所（法院）提出訴訟，聽候法官裁決，主要原因是「怕麻煩」，「怕花時間」，更「怕花錢」。據統計，地方法院每一個民事案件平均需時一年兩個月。通常的案件從地方法院起訴，經高等法院上訴，到最高法院，所費時間平均超過六年以上，這種積年累月的纏訴，使不少當事人，寧願私下和解，而不願訴諸於法。但主要原因仍是日本人強調社會和諧的觀念，咸認訴諸於法，會破壞社會的和諧。其所以情非得已而與他人對簿公堂，主要係針對對方破壞社會的和諧提出的抗議。

大多數人無寧傾向於尋求法院之外解決問題的途徑。這種「自主解決」的形式有下列數種：即發生糾紛時，故作不介意的態度，百般容忍，繼續保持與對方的關係；或採取大事化小，小事化無的迴避方式加以解決；或透過中立第三者的撮合，直接談商，以達成和解的解決方式。此外，則是調解與仲裁，即由第三者從中調解，使當事人之間達成協議。

(2)義理人情

義理人情在日本人心目中佔有很大的比例，這是他們本身規範集團內人際關係的原則，經歷幾世紀之後所形成，比諸歐美的道德紀律更強而有力。

日本人對父母、老師、長輩，必須感恩圖報，對父母盡「孝」，對長輩盡「忠」，這種忠孝精神，紮實的存在於日本人的觀念之中，其中最重要的是義理。每個人都是社會的一分子，因此，即使不願意也必須和其他人一樣為社會盡義務；其次是人情，這是一種對別人同情及關心的義務。日本的戲劇大多以「義理」「人情」(giri, ninjyō)為主

題，經久不衰。

人際關係最通行的方式是以義理人情代替法律。義理的含意有情意、情面、禮節、道理等，主要的意義是情理。日本人崇尚情理這種道德觀念，甚於法理的理念。有謂「日本人的主要行為規範，就是傳統上稱之為義理的一種決定人與人之間關係的行為規範，這種義理存在於父子之間、夫妻之間、祖孫之間、兄弟之間、家族以外的地主農民之間，貸款人與借款人之間、商人與顧客之間、店主與店員之間、上司與下級之間等。義理代替法律，也代替了道德。」

義理是日本人的行為規範，並且有異於西歐法的特點。義理人情廣泛存在於日本的人際關係之中，在眾多的法律事實中，在在反映日本人這種含混籠統的法律意識。

關於人際關係的原則，雖然不如宗教和儒家思想影響之大，但其對一般人舉止行動的影響卻是不容置疑的。一般的日本人比歐美人更重視人際關係，一旦接受他人的恩惠，必有很強烈的報答意念，同時對別人的看法也頗在意而且很敏感，因此有較強的公德心。

日本人最大的特徵是，有高度的自尊，這是源自其對團體所具有的強烈認同感。在日本社會裡，集團的約束力，變成遏止犯罪行為最有效的方法。在刑事案件中，日本檢察官的判罪率極高，約有九成以上的嫌犯均被判有罪。更令人驚異的是，有很多罪狀昭然的罪犯，並沒有送到法庭受審，而且只有極為少數被判有罪的犯人被送往監牢，其餘的大多判處罰款交保，或判緩刑釋放。日本的司法官最主要的任務，並非嚴格追究罪證，把罪犯關進監獄，而是讓他有痛改前非，重新做人的機會。

日本的法院，往往在宣佈判刑後，採取赦免或緩刑的措施。即在認定有罪並判刑後始依法官的認定宣判緩刑,這種作法與美國的緩刑、

德國行使行政權以停止執刑或英國不認定刑罪等的方式大相逕庭。日本之所以採取此一方法，乃因採行明刑弼教的理念。其實日本所宣判的，並非判處刑責，而具有道德教訓的作用。過去的「奉行」(bugyō, 行政主管) 實際並非審判官，而是道德訓示官，現在的法官，其實也具備這種性格。

## 3. 日本人的道德觀

　　日本與歐美的道德觀孰優孰劣，實無法斷定。值得一提的是，日本人的道德觀是集團主義環境下的產物，即在社會環境之中為了維持和諧關係所產生的道德。歐美的道德觀則認為從個人的內在行動到外在的態度都應以普遍、客觀的原則為基礎，可見日本的道德觀幾乎沒有和歐美共通之處。

　　日本人集團主義的道德觀和外國人一般主義的道德觀相比，便可以理解日本特異性的關鍵所在。當然日本以外的社會也有一些各式各樣的客觀道德。

　　日本人的道德觀，以為道德是存在於人們生活中的一種單純的正義感。論者指出日本人沒有罪惡意識，只有羞恥意識，似有忽視日本人這種無形道德觀的說法。日人以為道德是無形的，甚至是止於感覺階段，而不具備嚴密的理論體系，且會隨著時代環境而改變。

　　日本人所謂的私德，即是人際關係的道德觀，感「恩」或「義理」，對於自己周遭的人際關係雖然具有嚴格規範的作用，但和基督教或其他歐美的道德觀不同，因為這不是約束性的公德。

　　歐美人作事，只要對得起自己的良心，即使和團體利益發生牴觸，仍然義無反顧。為本身的職責而暴露組織的敗行，或因秘密文件外流而辭職的人，卻被視為英雄。如有對自己的集團有利，但對國家將造

成傷害的事，則會拒絕。但是日本則不同，凡事均以集團利益為優先
考慮。

## 三、守法與治安

### 1. 治安

外國的旅遊者來到日本會發現日本的治安出奇的好。忘記東西在
計程車上，不愁會遺失，大抵會送到旅館或「交番」(派出所)。日本
式旅館通常不加鎖，達夜不閉戶之境。夜晚單身的年輕女孩乘坐地下
鐵或汽車回家的情況，並不稀罕。

從國際觀點來看重大犯罪，的確日本比其他先進國家少得多，從
整體上看來，殺人或強盜案件甚少。但最近卻發現電腦犯罪等新的犯
罪相對增加的傾向。

儘管有相當多作奸犯科的現象，但是無論從任何標準來衡量，日
本畢竟還是個非常奉公守法的社會。以紐約與東京相比，強暴罪的人
數是東京的八倍，謀殺案件是十倍，攜械搶劫則更是東京的二百二十
五倍。更令人吃驚的是，當大部分工業國家的暴力犯罪率正在急遽上
升之際，日本過去二十年來的犯罪率反而有下降趨勢。

令人驚異的是，全日本流氓 (暴力團) 的人數多達數十萬，他們
每天詐欺騙財，即使警察對他們的騙人招數佯稱不知，但是他們對社
會的威脅及毒品的販賣已在日本社會造成嚴重的後果。其實警察對流
氓的行蹤應是瞭如指掌，報紙對流氓的葬禮及爭奪地盤的事亦多有報
導，但流氓仍然我行我素，橫行霸道，並未稍衰，蓋其能順應日本的
社會模式，取得一席之地。

流氓的首領支配著各地的黑社會，照顧著部下及刺客（殺手）。他們的內規及入會的儀式有很多是日本價值觀下的特產。（為了表現對老大的無條件忠心，部下常替老大頂罪或坐牢。）其實，有很多日本右派政治家，對流氓的愛國主義及黑道中殘存武士道精神的日本傳統價值觀，頗為讚許。

戰後，佔領軍（盟軍）的武器管制甚嚴，除了十五公分以下的匕首以及重要的美術品以外，一般民間持有的武器（包含銃砲、火藥、刀劍等）一律沒收。直接的目的當然是排除對佔領軍的抵抗。但在佔領結束後，日本政府仍然維持此一基準。日本的槍械管制，較之歐美更為嚴格。依據日本的法律，個人不許攜帶或擁有槍枝、刀劍。當然，另有狩獵或鑑賞用的許可制，但至少不准許攜帶護身用的武器與刀械。

最近，從美國或亞洲進入的外國人，走私進口槍械而被逮捕的案件遽增，透過這些非法的途徑，這些違禁的槍枝大抵流入流氓（暴力團）之手，而作為凶惡犯罪之用。

日本的黑社會經常向商店勒收保護費，包庇娼妓、賭博、走私、漏稅、販毒、竊盜、暴行等，無惡不做。據東京都警視廳的資料，黑道人物以銀座、淺草等地繁華地區為大本營，每日有二萬多人從事非法活動。

據東京都調查，每百人中約有二十二人受到黑道人物的威脅，但一般人畏懼黑社會勢力，大多不敢報案。大部分黑道頭目均極富有，多以妻子或情人出面經營酒家、麻將店、舞廳，或經營雜誌社、偵探社等。

由於黑社會無法無天，日本警方於東京設置「全國管區警察局公安部長會議」，警察局內增設一個掃黑小組，並聘請專家詳研對策，但似難根除。

## 2.警察的角色

通常市民會向地方的警察機關提供自己生活有關的資料。這雖不是法律上必負的義務，但是幾乎所有的市民都會協助警方。警察對於新近遷入的住戶會定期登門訪問，詳細盤詢其生活細節。為此，日本社會的約束力得到支持，警察的辦事效率自然會比世界各國為高。

社區警察是方便民眾的好鄰居，可以應急，可以救窮，這是政府提供民眾方便的最佳服務。日本一整年所發生的搶案不及美國兩天多，由此可見社區警政的優點。

由於日本治安之良好源自「交番」（kōban，警哨亭），因而採用此一制度的國家日益增多。日本各地除設有警察局之外，又有日本獨自的派出所、駐在所，在街道的樞要之地設置「詰所」(tsumesyo，守衛的地方)，由警察局按時派遣，或經常駐紮。其責任是巡查小單位的地區，或聆聽該地區民眾的控訴，這種「詰所」稱之為交番，這是起源於江戶時代的「番所」（將傳統的防範犯罪制度，採用為現代式的巡警制度）。

日本警察的任務繁多，不僅會指揮交通，幫助學童過馬路，為人指點迷津，甚至借車錢給掉了錢包的家庭主婦。其經常性的工作是家庭訪問，其範圍甚廣，從電話、傳真號碼、購車、購屋、身體狀況到居住環境等，無所不包。

社區警政，改變了過去執法者的角色，警察和奉公守法的市民發展出一種伙伴關係，著重社區的守望相助、共同預防犯罪，這可能是未來警政的新趨勢。

1990年，日本的竊盜案是每千人十二件，先進國的美國則有五十三件，德國有四十四件。更令人讚嘆的是，過去二十年，日本暴力犯

罪整整減少了三分之二，可見社區警政已發揮其優點。

社區警察是法治的化身，其工作的成就並非來自破大案，抓要犯，而是全心全意為民眾解決疑難問題。他們不再扮演「終極警探」裏機智驍勇的「神探」角色，而以服務民眾為最高準則。社區警察成了名副其實的人民保母。警哨亭，是社區警察固守的堡壘，全國約有一萬五千個警哨亭，編織成綿密的治安網路（臺灣的警哨亭大多設置於官邸旁）。但日本的警力不集中在警察局，而是採取以警哨亭為核心的散佈式警力部署，若有需要，可以毫不費力地找到人民保母（依1989年的統計，接到報案後，警察平均花五分四十九秒到達出事現場）。

警哨亭的服務對象包羅萬象，民眾直接受惠多，對社區警察頗具信心。1991年，要求協助的案件達十八萬餘次，其中四分之一是在解決家務事。對外國旅客問路，警察的態度亦和藹可親。在小小的警哨亭裏，必備一張管區的詳細地圖，「按圖索驥」似亦成為警察經常性的任務。

以報失的記錄相對照，1991年民眾送交警方的失物件數共計四百一十萬件，遠遠超過掛失的二百九十萬件，守本分的市民沒有發橫財的心理，拾金不昧的金額，全年累計達一百八十五億日幣（約合二億三千萬美元）之多。

作者在二十年前，因一時疏忽，在公共電話亭遺忘一張數千美元的美金支票，及至想到時已超過了一小時，趕往一看，居然還原封不動，著實令人感動。

由於社會形象良好，工作性質頗受肯定，因此警察成為炙手可熱的職業，每一個空缺，平均有8至9個競爭者，錄取者之中有三分之一具有專科以上的學歷。待遇不差也是吸引優秀人才的因素之一，根據《亞洲週刊》的調查，新進員警的月薪是一千七百多美元，比坐辦公

室的銀行員稍多。

　過去（1970年代）採用的員警獎勵制度，著重於逮捕流氓與嫌犯的記點嘉獎，為民服務完全無助於考績，為前途著想，外出臨檢成了當務之急，民眾的瑣事全被忽略。至80年代，警政當局決定改變員警獎懲辦法，改以為民服務為優先，只要基層服務做得好，升遷的管道一樣通暢。此一措施有效地導正了員警的工作心態，明顯地提升了服務熱忱。

## 3. 公德心

　最足以表示日本人行動規範的集團倫理的是，所謂「村八分」(murahachibu)的邏輯，這是村莊對內部成員私下的制裁，成為其對象的行為與其說是竊盜、暴行等刑事犯罪，無寧是違背村莊的「掟」(okite，規範)，而擅自作出村莊「寄合」(yoriai，聚會) 或共同作業之際獨善的個人行動較多。這可說是村莊裏完全不適用個人的道理，而是集團的規範邏輯支配社會最典型的例子。這種「道理」，恐怕與農耕的共同社會形成同時存在，成為日本人「中心的性格」(core personality) 而傳承到現在。他律的概念與集團的道理有密切的關連，集團的道理為規範，而他律則是服從集團的道理而行動的日本人的基本屬性，瞭解此一概念，即能明確的說明日本人的行動模式。

　「野次馬（愛好起鬨的群眾）根性」(yajiuma konjō) 可說是日本人行動模式最典型的例子。過去一直都把這種根性解釋成日本人好奇心強烈的表現。其實應引進他律的概念，以好奇心加上他律性的模式來表示，始能更生動的凸顯其本質。他們的行動通常並非依照自己所確認的行為，而是因為別人在動而產生。

　對於公共的行動，大部分的日本人都認為只是公共的秩序在約束

自己，為集團求取利益時，日本人的公德心會比歐美人來得強烈。

在日本，闖紅燈的人很少，即使路上沒有車輛，只要是紅燈，行人就不會橫越馬路，令人驚訝。（最近已不如從前）

收看NHK節目的須繳費，雖非強制性，但是有電視和收音機的人，70%以上的人，都會去繳納（逃稅雖也很嚴重）。無論是音樂會、各種表演會，在會場的觀覽席，絕無跨越分等，以低廉票搶頭等位子的情況。

守時觀念極為徹底。國鐵或私鐵（民營鐵路），均能依照時間表，分秒不差的行駛火車和電車，的確讓世界各國刮目相看。此與技術高超有關，但做事準確的日本人所特有的一絲不苟的性格，亦大有貢獻。與中國人之「馬馬虎虎」，或「大而化之」的做事風格不同。日本人是條理分明，連私人的約會，亦罕有遲到者，而中國人則是不拘小節，亦乏守時的習慣。

# 第四章

# 教育與文化

## 第一節　教育與語言

　　一般相信，日本中小學的教育可能是世界最有效率的。令人驚嘆的是，日本在第二次世界大戰後復興的速度。1951年到1980年之間，日本的國民所得(GNP)增加了七十四倍，遙遙領先美國的八倍，西德的二十九倍。這種成果似應歸諸於日本高水準的教育，由此產生一批能很快吸收新知且有嚴謹規律的勞工，以及結合團隊精神與追求完美，能創新的經理人才，這種素質真是無與倫比。這不僅在企業中如此，在大部分日本人日常生活中亦一再展現，此由日本各地交通設施與秩序即可瞭然。

　　日本的科技由最初的學習、模仿，一直到近年的獨立、創新，製造出輕薄短小卻極精巧的產品，其進展神速，甚至有凌駕歐美之勢。以一個缺乏天然資源、地狹人稠，又是戰敗國的日本，何以能於短期內翻身一躍而成為今日的經濟大國、科技大國。本文擬從日本教育的傳統特質、教育制度、大眾傳播與藝能等文化層面探究其所以發達的原因。

　　一般咸認「日本人注重紀律、團結合作、追求新知識的民族性，

是永無止境的教育 —— 家庭、學校、社會教育，密切結合，再三強調
的結果」。茲專就教育加以介紹。

## 一、教育制度

明治維新時，明治天皇侍講元田永孚，主張祭政一致，宮中、政
府之一致；而明治的元勳伊藤博文等，則倡導合理主義，形成對立。
合理主義與祖先教（神道教）的爭論，同時也是教育宗旨的爭論。元
田指斥西化教育，偏重智育，強調祖先教道德教育的重要性。伊藤則
認為教育高等的學生，須倚賴科學。但爭論的結果卻是兩者的妥協，
即在高等教育方面，著重合理主義，而初等教育則以祖先教為主。這
就成為後來日本的教育方向。

日本的教育方式與當時歐洲所採用的分離方式完全不同，歐洲所
採取的是雙軌制，接受高等教育後即將成為社會領導階層的人，與一
般階層的學子所受的教育是不同的；在初等教育的階段，兩者各自到
不同的學校去受教。但在日本，卻採取先進的單軌制，即在初等教育
階段，不論其出身階層的差異，是否升學，所有兒童均在同一學校接
受同等的教育。神道教中「天皇的赤子」觀念，反而徹底打破了身分
與階級意識。

值得注目的是戰後學制的改革。明治領導者創設的是，以祖先教
的注入為前提的高等、初等教育分開體制，但這種教育體制卻因戰後
「六、三、三、四」制的新學制而被否定。

戰後的教育有幾項特色：一是初等教育，完全廢止「出家」集團，
並廢止師範教育制。不論初等、中等、高等教育，原則上，各級教師
均以大學或研究所畢業者充任。教師的待遇差別已縮短，大學教授與

小學老師的差異極為有限。二是義務教育期間從六年延長到九年。三是男女有同受高等教育之權,即廢止戰前對女子高等教育的限制。同時無論是中等或高等教育的進學率,均大幅提升。

教育一元化之進行,當然會使戰前知識分子與大眾之間的斷層逐漸消失。兩者的斷層,其實不僅限於「合理主義」與神道教的對立,甚至及於文化的各種領域,如「純文學」與「大眾文學」;「古典音樂」與「流行歌」等,兩者所享受的文化迥然不同。

## 二、日本教育的傳統 —— 士族意識與近代教育

幕末維新時期,掌握變革主導權的是封建社會統治階層的武士。武士之中產生了稱為「志士」的改革派領袖,及至新政府誕生,他們乃搖身一變而為開明派官僚,並成為近代化的推動者。明治維新後,由於一連串的新政策,使武士喪失舊時代的特權。但政界以及社會各方面的領導階層仍被士族所佔,地方的官吏、警察、教員等,亦多是武士的天下。

德川幕府為了確立士農工商的身分秩序,謀求武士精神的統一,多方獎勵儒教,以新儒教朱子學為正學。朱子學成為昌平黌及諸藩的藩校教材,且為武士的基礎教養。

武士之中的「志士」,其教養的基幹是儒教,但同時也吸收國學(尤其後期水戶學)與西學。

江戶時代所形成的武士精神特性,經由幕末維新的變革,為新時代所繼承。維新後的士族意識有二:一是實學意識,一是官僚意識。前者產生武士技術人員、工業官僚,成為日本工業化的積極推動者;後者則隨官僚機構的組織化,成為地方官吏、警察、教員等的晉身之

階。

鎖國時代的日本，因受中華思想的影響而蔓延一種視外國為夷狄的思想。尤其在鴉片戰爭後，面臨列強勢力的東漸，危機意識強烈，同時又充滿攘夷論。但也有不少人具有新的西洋觀，他們或倡導「東洋道德、西洋藝術」，或主張「有用的實學」，成為日本人東西思想折衷的嚆矢。

## 三、日本教育的特質

教育與政治、經濟、宗教等，同為社會制度的一種，而將教育制度正式表現出來的，就是學校體系。

19世紀前半的封建時代，日本民間對教育已頗熱心。當時武士階級不僅擔任軍事任務，且為行政人員，因此各藩均設有教育其子弟基本常識、道德、武藝的學校——藩校。農民或町人（商人）亦應生活之需要，到「寺子屋」（私塾）去學讀、寫、算盤等。「寺子屋」遍及各地，日本全國有一萬多校。這種私塾雖非強制，亦無年限，可說是極為自由的教育形式，根據估計，大約有40%的農民與商人受此教育。

由此推論，幕府末年日本人的識字率已比同時代的法國、英國都要高。明治維新以後，義務教育具有法律的強制性。教育與文化水準的提高，為吸收西方近代科學技術和民主主義思想奠定了良好的基礎。

明治政府於1872年頒佈學制，確立了近代教育制度。但此一學制是法國學制的模倣，以其不適合日本的國情，乃於1878年頒佈「教育令」。此次改革的特徵，乃是採用美國的自由主義教育制度，廢除原來的學制。

明治新學制發佈後，雖亦有不少對學校教育的抵抗，但迅即被克

服，而確立了教育機關中學校的優越性。學校教育成為兒童生活最優
先的課題，家庭或地方的教育，被視為從屬於學校，或必須協力的對
象。

「教育敕語」的公佈（1890年）， 明示神道的復古思想與儒家的
封建道德──忠君愛國，作為日本教學的基本理念，無異顯示教育的
基本法，悉由敕令，而不經帝國議會立法通過，其目的乃在強化國家
對教育的統制。

經過甲午與日俄兩次戰爭，日本的教育制度愈益充實。不僅各府
縣設立中學，培養師資的師範學校、高等師範學校、實業學校以及醫
學、法政學校、語言學校等專門學校亦紛紛設立。

大學方面，在甲午戰爭以前，全國只有一個帝國大學，即東京開
成學校與東京醫學校合併而成的東京帝國大學。不久，又在京都、東
北、九州、北海道等地，陸續設立。除了官立學校之外，私立高等教
育也逐漸發達。私立大學創立最早的是慶應大學、同志社大學與早稻
田大學等，均屬自由主義派的私學。

1900年，制定六歲起接受四年義務教育的制度，此年的就學率已
達90%。未幾，義務教育延長為六年，而就學率亦達99%。

大正時期教育的發達極為迅速，以第一次世界大戰為轉機，不僅
經濟發展，國民所得倍增，人口亦集中於大都市，在社會、經濟結構
遽變的背景下，西歐近代文化的個人主義、自由主義思想，亦因大眾
傳播的發達，普及於一般民眾，教育水準當亦隨之提升。初等教育的
就學率，1902年為90%，1909年已增為98%，實施義務教育後，完成
此項教育者，1910年為60%，1912年增至70.6%；中等以上學校的升
學率亦逐年上升。高等教育的發達尤為顯著，明治末年原只有四個帝
國大學，到了1925年已增為三十四校。高等學校亦驟增至二十五校。

　　雖然如此，但中等以上學校的就學率並不高。1935年中學（中學校、高等女學、實業學校）的進學率只有18.5%，高等教育（高等學校、專門學校、大學）也只有3%而已。

　　關於女子教育方面，明治政府亦極重視，早在1871年岩倉使節團赴歐美時，已有五個女生隨同赴美留學，為日本女子留學之始。其後不久，東京分別設立東京女學校、東京女子師範學校，並在學習院設立女子部，專收貴族女生。隨後又有數百個女子高等女學校設立，然而女子教育仍然受到歧視，教育內容多注重禮儀、家政，有關社會和科學知識的教學則不受重視。

## 四、戰後的教育

　　自明治維新以來，日本在教育制度和形式上，均模仿歐美，但精神上卻始終順應天皇專制政治，以忠君愛國為宗旨，尤以軍國民教育的影響最大。國民接受教育的目的，並非增進對人類、世界的瞭解，而是灌輸忠君愛國，為天皇而犧牲自己的觀念。及至1930年代，各級學校實施軍事訓練，灌輸學生侵略的民族主義精神，使其成為國家主義以及軍國主義的工具，終於淪為法西斯主義的溫床。

　　戰後，盟軍總部有鑑於欲促進其民主化，基本方針在於廢除以往國家主義的教育，因此，把改造日本的教育，列為主要政策之一，乃命令日本政府廢止戰時教育令，實施教育改革。同時禁止國家保護、援助神道教，革除軍國主義侵略思想。

　　日本人普遍認為要使日本復興，唯有依靠教育，以為教育是重建日本的原動力，因此，日本政府亦自動進行改革，明令廢除學校軍事教育，解散軍國主義教育團體組織，並配合盟軍總部的民主主義化改

革政策，採取各種改革措施。其重視教育，固然是經濟發展的需要，但仍奠基於傳統的儒教文化。

　　大戰後，日本五大改革之一的教育改革，把國民的義務教育由戰前的六年延長為九年。目前初中的升學率達93%，高中的升學率已達40%以上。至於職業教育，亦相當普遍。

　　由於重視教育，在日本的鄉村中，房舍建築最好的是學校。小學老師的薪水和大學教授的幾無不同。只有師範院校畢業或修習教育學分的大學畢業生才有資格被聘為中小學老師。除了研究所畢業外，非師範院校的畢業生，必須通過文部省的教師檢定考試始能任教。

　　戰後教育事業的發展，造就了很多優秀的技術人員，對經濟發展實有巨大的貢獻。不論農業技術的革新，或工業技術的提升，均有賴高水準的教育為背景。因此，在世界市場稱霸的日本商品，乃是日本人智慧的結晶，這種商品是由工廠製造出來的，但不能忽視其背後學校教育培育人材之功。總之，教育實已成為日本民族復興的基本條件。

　　在學校制度方面，無論公立、私立學校，一律實行男女同校，國立或公立大學也都向女性開放，使得兩性均能獲得同等教育的機會。戰後日本女子大學生的人數年有增加，1970年代，約有二十五萬人申請攻讀大學。目前女生的大學進學率，約為適齡總數的5%。男女大學生的比率是女生一人對男性三點四人，各級中學的男女學生的比率則差額較小（女生一人對男性一點三人）。

## 1.學校教育

　　在所有已開發的國家中，日本人在教育上的花費最低，只佔國民生產毛額(GNP)的5.3%，和英國的6.2%，加拿大的7.8%，美國的6%相比，日本在教育上的投資較少，因此學校班級人數高居先進國家之

冠。

就純粹實用的觀點來看，日本的教育制度效率甚高。日本教育制度最成功之處，其過於它的教導方式與教育內容的一貫性。日本的學校雖可以自訂教材，但是必須選自經過文部省（教育部）審核同意的有限教材。更重要的是，文部省制訂並頒發各科教學綱目給各中、小學。老師雖有選擇教學方法的自由，但不能替學生決定知識教育的內涵。

促使教育統一化的最主要因素，並非文部省頒佈的法令，而是出自日本的文化特質。明確的說，日本人不願當面給人難堪，儘量避免與人正面衝突的民族特性。中小學沒有「留級」制度，也沒有任何「分班」制度。

日本學生從小就領悟家庭及社區的觀念是很重要的，如果學校強迫能力分班，或者依據其他任何標準分班，則有些學童必定會覺得自己與眾不同。日本教育的基本精神乃是不鼓勵學生表現任何與眾不同之處。

日本的學校和社會是一體的，教師在學生的社會化過程中扮演著非常重要的角色。他們時常提醒學生個人在團體中應負的責任。日本學生必須在導師的監督下自己打掃教室，因此不會有人隨意破壞公物或在牆壁上塗鴉的情形；如有一個人未能完成其分內的工作，大家都得等他做完才能回家。

日本絕大多數學校都要求學生隨身攜帶學生守則手冊。其中對生活細的規定節鉅細靡遺（嚴格規定衣服摺邊的長度，男生頭髮的長度限制，甚至鞋子的顏色與鞋帶穿孔亦多規制；女生如有染髮或燙髮，必遭開除）。 亦有部分學校禁止夜間上街遊玩、約會，或進出速食餐廳。

　　由於日本社會結構的特殊性，教師對學生擁有極大的權力。雖然法有明文規定嚴禁體罰，但當子女哭訴遭到老師體罰時，父母通常不會向學校抱怨，更不會向法院控訴。日本人自幼即被教導絕對服從權威，大多數的父母一直抱持威權社會的傳統心態，認為老師基於愛心，協助其子弟塑造完整的人格，使其將來能在社會上出人頭地，因此，莫不心甘情願的接受嚴格的教導。當學生違反規定，遭受重罰時，家長亦多逆來順受。

　　傳統上，日本學校負責教導年輕人學習「日本人的價值觀」，學童自幼被教導不強出頭，要服從多數人，這種思想根深蒂固。日本的教育造成了日本人的一致性，但又如同工廠生產出來的產品，千篇一律，失去了獨立思考的能力。

　　無論是乘坐交通工具或任何聚會，絕大多數的人都會依序排隊，不管是車站、郵局、電影院，雖萬頭鑽動，卻是井然有序，甚至是在航空公司、百貨公司亦然，這是從小在家庭、學校中所養成嚴謹的守秩序的紀律。

　　日本人在家庭中開始培養「群體的本能」，但是日本的教育制度更進一步用各種方式，不斷地加強這種群體意識的本能，著重以團體為導向的社會，但不壓抑相互之間的競爭。相反的，在日本的教育制度下，學業上的競爭卻相當激烈。蓋因每個日本年輕人的前途，幾乎完全決定於他所進的大學。

　　女生大都選擇兩年制的短期大學，主修家政等「婦女課程」，以致在一般四年制大學學生中，女生只佔25%。雖然男女地位正在微妙的變化之中，但是目前整個日本社會對婦女受教育的態度，仍較男生不受重視。

　　日本政府重視教育，不僅是有形的經費投資，更重視社會大眾對

教育的意見，每隔一兩年，總理府會做民意調查，詢問民眾，希望學校加強何種教材活動，舉辦大、中、小學生對家庭、學校、社會甚至人生的看法，並發表教育白皮書，陳述政府對教育的關心，以及今後應該採取的措施。日本政府對教育的影響力甚至及於家庭。政府明白表示：「子女發展有很多階段，在嬰兒期要訓練自制，孩童期必須訓練團結和責任感，少年期則要認識自我，並呼籲父母子女之間的溝通。」

日本實施從小學到中學九年義務教育，但家長往往對教育表示最大的關心，幾乎所有的幼兒都送往幼稚園。中學畢業進高中、高職的比率高達93.8%，高中畢業的34.7%進大學（1987年），這種進學率（到高等教育機關）僅次於美國，居世界第二位。但最近的傾向則有高中畢業後，不進大學，而進對就職有利的專科學校，或留學海外者。

高等教育方面，除了戰前的六個帝國大學（東京、京都、東北、九州、北海道、大阪、名古屋）之外，尚有一橋、東京工業、東京外國語、大阪外國語、筑波、御茶水、奈良女子大學、東京藝術等九十五校。私立大學三百四十一校，慶應大學與早稻田大學為「私學的雙璧」，基督教大學有同志社大學、立教大學、上智大學、關西學院、神戶女學院、青山學院、國際基督教大學等。

上述四百六十五校大學之中，二百八十七校設有研究所，此外約有五百四十八校短期大學（專科學校）。大專學生總數約有二百三十萬人。

1986年小學及中學的就學率為100%，高中進學率是94.2%，大學進學率是34.7%，研究所4.5%。

戰後有偏重學歷的風潮。在狹隘的日本國內，四年制大學即有一千校，其中能進大企業或公家機關的，僅限定於極少數大學出身者。進入一流大學的考試競爭極為激烈，而升學率高的高中，常有成績優

秀的中學生湧進的惡性循環,因而有所謂進學名門校的激烈競爭為「考試戰爭」或「考試地獄」之評語。

日本的社會屢被稱為學歷社會,1975年以後,年代別的學歷構成,將與年俱高,原來只佔一成的受高等教育的社會,現已增加到三成。

高學歷決定最初的職業,且與其後的地位有直接的關連。其實企業界,已無過分注重學歷的情形,而有著重實力主義的傾向。但包含官僚社會在內,實際上所謂實力主義只是口號或假像而已,迄今出身學校(大學)仍是決定公家機關或大企業能否升遷的主要因素之一。

## 2. 家庭教育與社會教育

家庭是培育日本人的重要場所,母親毫不遲疑地承擔此一責任。雖然將近一半的女性唸完高中,但在盛行「男有分,女有歸」的社會裡,大多數的女人仍然全天在家裡善盡主婦之責,除了料理家務,還須教育子女。很多家庭主婦只做兼職工作,以便大男人主義的丈夫回家時,「一推開門就有人送上熱茶和拖鞋」。

從三、四歲起,母親就逐漸開始教導她們的孩子,日本社會裡必須遵循的規範,如「向別人問候」、「聽從大多數人的意見」、「不要帶給別人不便」等「禮儀作法」(禮貌)。一般共同的家庭教育原則是,第一,要誠實(不但對父母、朋友、甚至對自己)。 第二是設身處地為別人著想。以水為例,提出「吃虧就是佔便宜」的說法,認為「與其一直用手把水往自己方向划來,水就從兩邊流走,不如試試把水推向對方,水就會往自己方向流回來。」

六歲以後,孩童正式上學,又要經歷不同的階段。第二次世界大戰前的學校教育裡有嚴格的訓練,如團體精神、一切服從教師和學長、對天皇盡忠。戰後放棄軍國主義的日本,將這股力量轉化為發展經濟

的原動力，變成對公司的忠誠，服從上司，與同事間的協調合作等。

　　新憲法規定教育不得傳播類似軍國主義的價值觀，於是在教科書、課程裡都不強調信仰，而以純粹知識的追求為目標。但是這些價值觀仍然深刻地存在於日本人心裡，縱使教材不宣揚，但是教法、課外活動都將這些價值觀表露無遺。

　　這種價值觀塑造的過程，從幼稚園開始直到各級學校都有不同的方式，不斷地加強團體意識的培植。由於從小就生活在團體裡，無論是郊遊、讀書或玩樂，均以得到團員的尊敬為考量，因此，特別強調遵從團體規則的重要性。

　　日本的教育競賽是無止境的，學校教育固然是主軸，而家庭和社會教育卻亦能緊密的配合。據統計，無論公私企業，有三成以上的員工接受在職訓練，一半的人參加函授課程。

　　日本的學校、家庭、社會有如協奏曲，時時提醒日本人行為的準則和生活的目標，人們必須遵循這種公共的「掟」（okite，規範），以盡其團體一分子之責。

　　日本人注重「以和為貴」的精神，「和」指的是儒家的社會和諧，維持團隊的認同。日本人生活的每個層面，從政治到社會、體育活動，處處講究「和」；另一精神信條是「忍」，即忍耐一切的苦難與考驗。

　　愛好讀書，愛好新知已蔚為風氣，日本每年有四萬本以上的新書出版，與美國相等，但日本的人口只及美國之半，可見其出版業之盛。據統計，日本每人平均每年約購買三十本書。翻譯書的速度更是驚人，甚至有尚未在國外出版，而在日本即有專門的人在翻譯者。

　　文化人類學者認為，日本人從小在家裡、學校、甚至在藝術欣賞中訓練出追求完美，注意細節所培育出來的精緻文化，使其雙手、眼睛、心靈，較易接受或創造精益求精的精密科技。

日本社會對老師這個角色的認定，以為老師的職責絕不僅侷限於「知識的傳授」而已。雖然很多中、小學老師自認為是馬克思主義的信徒，且是激進派工會的「日本教職員組合」一員，但他們卻十分敬業，對於學生尤其關愛。

日本人一提到「先生」(sensei，老師，值得稱為先生的，除了老師之外，有律師、醫師、國會議員) 時，都是從心底湧現一股敬意。對於老師的判斷，不論公事或是私事，莫不尊敬有加。蓋日本人從小學一年級開始上「公民與道德」課時，就不斷地接受儒家尊師重道的教誨，老師在教室裡的尊嚴是不容置疑的。教室的秩序非常嚴謹，老師通常只需要口頭稍加訓斥，即可收震懾學生之效。

## 五、日本教育的評價

### 1. 戰前教育的評價

一般認為戰前的日本教育對近代化扮演相當積極的角色，而近代的教育則已在江戶時代奠定了基礎。至於明治初期，制度上實施近代教育，內容上卻具有強烈的前近代性、非科學性。

明治維新以後，「教育敕語」強制性的由官方制定道德規範，作為教育的宗旨與目標。在 1945 年終戰之前，在施行義務教育的學校裏，遇到了慶典或重要節日，都必須掛國旗、唱國歌，學生集中在禮堂裏，首先必須一齊向天皇、皇后的玉照鞠躬，再由校長朗誦「教育敕語」。教育敕語雖為官製，卻可以說是統合了日本人的傳統道德觀。日本人在忠孝、家族愛、信義、勤儉這些儒家道德之外，也把合作的好處當成美德。明治後期，日本教育的特徵則是具有階級性、非民主性、超

國家主義的色彩。

## 2.現代教育的批判

其實，日本的教育亦有很多的問題，如學生缺少分析的活力，論述缺乏創見。高中以上學校入學考試競爭激烈，往往限制了學生知識的寬廣度，減少了課外活動，忽視了社會生活的發展。但這些問題並不足以抹殺其教育上的重要成就，如高度學習動機的持續，九年義務教育一致的高度素質，教育性電視臺涵蓋面的廣闊，都是值得參考的。

學生從小就受到很大的壓力，必須進入一流的大學才能平步青雲。過度的壓力使得部分的學生性情轉向暴戾，近年來向老師發洩怨氣甚至尋釁的校園暴力事件時有所聞，青少年犯罪事件年有增加。學生的向學精神已大不如前，曠課率亦有逐漸升高之勢。

雖有這些缺點，但是一般企業人士，對下一代的前途仍抱樂觀的態度，咸認中學或是大學畢業生只是一塊原料，必須經過不斷地琢磨，才能成器，所以接下了訓練工作態度的責任。很多公司把新招募的員工集中住在「寮」（宿舍）裡，每天早上跑長程，做體操，進行軍事化訓練，松下公司甚至常把幹部帶到寺廟去修禪打坐，以淨化心靈。

一般以為日本的教育最大的缺點在於「溺愛」孩童，以及因「考試煉獄」而形成人性教育與道德教育的欠缺。大學成為大眾教育，缺乏權威主義與官僚主義的特性。

「考試煉獄」之所以形成，實由於日本社會制度盛行注重學歷主義和學歷社會。這種學歷社會與考試制度的弊害，主要乃在給與考生過大的負擔，造成高中、大學教育的偏頗以及沈重的經濟負擔。

此外，大學的封閉性也是被詬病的弊端之一。日本的大學大抵對外國人都是封閉的；就社會而言，大學無法因應社會的要求與變動，

對社會亦不開放。大學之間存有學閥，相互之間處於孤立狀態而缺乏交流。

不能忽視的是，教育在其型塑容許這種構造的機械原理的人間形成上，盡了重要的功能。日本的教育，不僅沒有培養日本人社會環境的批判眼光，在明治後期以降，更是力圖防止這種批判能力，毋寧有意加以壓抑。值得在世界自豪的義務教育的普及，幾乎使所有國民成為識字人口，但極端的說，屬於「讀、寫、算盤」之量的發展，學校教育與社會批判的「開眼」不相連接。這種義務教育甚至作為訓練士兵的教育，上級的教育分為下士官與將官的教育，即依階級區分為實業學校、高等專門學校、大學，成為身分階層的源泉。在這種教育制度下，當天皇制國家的強制壓力不斷地注入時，連大學亦無法產生對政治的開悟或對社會的批判，大學只不過是將領的供給源而已。

### 3. 日本教育的國際水準

日本的學校教育自明治以來一世紀，進展甚速，不僅量的發展驚人，質的方面水準亦極高。截至1979年，日本自幼稚園至大學各種教育機關的學生，總共有二千七百十一萬人，為總人口的23.35%。

除了主觀的認定國民有足夠的知識和興趣外，最足以比較國際間教育水準的是數學與自然科學。因為這兩個學科所受文化和歷史因素的影響，較之社會科學和人文科學所佔的比重小。根據1960年代一次國際性的數學成績測驗中，日本學生的成績僅次於以色列；1970年代，以十九個國家的十歲和十四歲學童為對象的國際科學測驗中，日本在地球科學、化學和生物方面得到第一。此外，令人訝異的是，「大多數的六年級學生，至少能隨時操作三種樂器」。

固然，此一研究結果，仍不能斷言日本人在智商方面優異的表現，

是與生俱來的高人一等的智能。但是比較中肯的說法是，日本的教育
制度，或許比較能夠訓練人將自己的本能發揮到極致，且從非正式教
育的角度來看，日本的教育過程的確是無止境的。

有人認為日本民族確實比其他民族聰明。如1982年初，英國心理
學家理查 (Richard Lynn)，曾針對六歲至十六歲的日本少年做了一項
研究，結果顯示日本少年智力測驗的成績，顯然比同年齡的美國少年
高出許多。日本少年的平均智商高達111，而美國的少年僅只有100。
更令人詫異的是，根據林氏的估計，大約只有2%的美國人，智商在130
以上，但是至少有10%的日本人，卻具有130以上的智商。

### 4.戰爭觀（教科書事件）

歷代自民黨的文部大臣，為了減少第二次世界大戰日本的責任及
殘暴事實的描寫，計劃修改教科書，促使歷史的無稽之談，重新在教
科書復活。他們認為軍國主義的日本人沒有罪惡。日本人挑起戰火，
但是不期望殘暴的殺伐行為烙印在心中。

日本人對美國在日本投下原子彈的決定,詳細地作過研究和批評，
否定美國投下原子彈是正當的說法。石原慎太郎等不曾為日本的侵略
有絲毫的懺悔之意，卻猛烈批判美國對日本投擲原子彈。

並非每個人都是站在軍國主義的立場，一部分日本人認為戰爭是
錯誤的，但是大多數卻以為不必引以為恥，因為以當時的情況，日本
被捲入戰爭是無法避免的。保守派中的頑固分子甚至認為在很久以前，
日本曾經是一個和平孤立的國家，後來逐漸向鄰近的朝鮮、臺灣與滿
洲擴張，參與列強的殖民地爭逐，但由於中國人反對，於是在不得已
的情勢之下發動戰爭。

日本受到強大的敵國英美中法的聯合圍攻，這四國憎恨日本的行

為，欲削弱日本的勢力，以維護自己的利益。而歐美諸國擔心日本向後進的殖民地政權挑戰，而且為了確保亞洲盟主的地位，他們認為日本的存立，關係著他們的石油及其他資源的供給，以之作為拒絕中止中日之戰的藉口。

日本對中國國土的侵略早於珍珠港事變十年，而和英美中法的對決就更早了。日本的戰爭計劃發動者，並不以西伯利亞、蒙古及東南亞為其侵略目標。日本知識分子頗受政府當局此類解釋的影響，不只是保守派，很多評論家也經常在談論著日本對亞洲非殖民地化的貢獻。

戰後的日本依然逃避對亞洲等地的戰爭責任，為了加強日本在美國、歐洲、拉丁美洲的威信，日商及外交官已和東南亞作全面性的溝通，他們公然承認亞洲存在著反日感情，但是不願有正面衝突。

德國對戰爭的贖罪態度做得非常徹底，反觀日本人卻表現得極其冷漠，一派敷衍的態度。德國對戰爭的殘暴行為，會向自己的同胞探究其原因，並且加以懲罰。他們對被害國，包括共產政權國家，都付出相當的賠償，並將強制收容所改為反戰紀念堂。戰後數十年，德國仍然沒有考慮到要對希特勒的士兵給予獎勵或褒揚。

日本是一個價值觀矛盾叢生的國家，他們同時具有偽善行為和道義觀念即是明證。非道義之戰，在戰敗的情況之下，歐美人士一定會先檢討過失，再重新尋找一位指導者，進行謝罪和賠償，然後開始裁定國民的罪。但是日本人卻認為戰爭並非只是指導者的個人行為，而是全國、全社會的集團行為。過去對戰爭抱持反感的日本，曾對軍國主義大加譴責，但他們指責的對象是軍國主義，而非領導者。

這並不表示日本對好戰的過去沒有徹底的反省，沒有罪惡意識的日本人，期望其他的國家對日本和平主義的提倡能給予推許，但是世人倘若要他們承擔戰爭之罪，則是很難的事。田中角榮的道歉只說「曾

經帶給你們很多麻煩」。 最近聯合政權的首相村山的道歉，亦不出此一範疇。日本人可以私人關係對行為表示謝罪，也可以因為自覺愧對社會而切腹自殺，至於一個集團要如何面對其所犯的過錯，除了下定決心不讓錯誤重演之外，別無他途。

如將日本的帝國主義、天皇制、好戰主義、意思一致的心理，國內法西斯體制等複雜的制度加以分析，就可以明白其必須面對戰爭的心路歷程。

# 六、語言

## 1. 日本語的特徵

日本語有其獨特的文章結構，固有的文字，與其他語言不相類似。在語言系統上屬於朝鮮語、阿爾泰語系。使用人口之多，言語文化之高，與英語、俄語、中國語、西班牙語、法語、德語等並立，為世界重要語言之一。

現代日本語的特徵有以下幾點：1.使用漢字、平假名、片假名、羅馬字等不同類別的文字之混用。2.音韻組織單純，音節之種類少(標準母音只有A・I・U・E・O五個)，同音異義的單語特別多 (如對象、大正、對稱與對照；追求、追及與追究等)。 3.因職業、年齡、性別之不同而有不同的用法。4.助詞 (が，を等)， 助動詞 (ない，だろう等) 對文章的構成有很大的功能。 5.主語在述語之前，述語在文句之後，但文節的順序相當自由。 6.敬語相當發達而複雜。

日語常省略最重要的動詞，可說是一種避重就輕的語法，因此，反映在實際生活中，其舉止行動亦有避重就輕的傾向。另一特色是曖

昧而模糊，談話的人需要相互之間有默契才能聽得懂。

如「さようなら」(sayōnara，再見)、「それじゃ」(sorejya)、「それでは」(soredewa)，原為接續詞，意指「那麼」「這樣的話」，其表達的意思並不完整，純屬省略化的語言。最常用的招呼用語「今日は」(konnichiwa)、「今晚は」(konbanwa)，有「午安」「晚安」或「你好」的意味，但其本來的字義只是「今天」「今晚」，這種打招呼的方式，純就其內涵而言，實極模糊不清。回家時第一句「ただいま」(tadaima)，也只是「剛剛或現在」的意思，其省略之意更甚。由此可見，日語中經常省略最重要的動詞，只保留修飾動詞的副詞。

從整體而言，敬語是日本語與韓國語最具特徵的，同時也是最具危險性的陷阱之一。蓋有時本意是褒獎，卻常造成實際上是侮辱對方的尷尬場面。

## 2.外來語的氾濫

古代日本吸收漢語、漢字，現在又吸收西方各國的詞彙。目前片假名的外來語極為豐富，已佔總詞彙的三分之一左右。國內外均認為日本的外來語已達到氾濫的地步。不只是外國的事物借用外來語來表達，就連日常生活中早已存在的舊事物亦使用外來語，可說是一種追求新鮮感的心理所致。

其實不只是外來語，歷史上各個時代的許多外國事物，在日本多有保留，這都是積極吸收外來文化的明證。

最初來到日本的外國人（西洋人）是葡萄牙人，接著是荷蘭人，外來語亦以葡萄牙語與荷蘭語言為主。19世紀後，更積極的吸收歐美文化，英語、法語、德語等遂成外來語而固定下來。

在東京的街上，到處可以看到彩色繽紛的招牌，或新聞紙上的用

語，一定會對其外來語之氾濫感到驚訝。看時裝或廣告方面的雜誌，有如猜謎般的有趣。至於小說、隨筆或論文，則仍保持相當程度的「正統的文章」，以堅守日語的純粹性。

年輕人比老人更喜好外來語。年紀大的人，甚至擔心不懂外來語，難與兒孫交談，而有外來語恐怖症。

學界亦有反對外來語的濫用者，他們以為日本語大體上足以表達一切事物，因此沒有必要使用外來語。但諷刺的是，在反對濫用外來語的文章中，卻出現不少外來語。

# 第二節　大眾傳播

## 一、報紙與雜誌

日本的傳播媒體包括新聞、電視、廣告、文字媒體和衛星傳播、有線電視等，都相當發達，圖書出版事業亦遙遙領先其他先進國家。電話、電信的通信技術，更是一日千里。日本的傳播媒體、出版和通信，值得加以介紹，大眾傳播中發達最早的是新聞事業。

戰後的日本，不但教育普及，且其文化水準亦不斷地提高。日本國民對於周遭的事件，有強烈的求知慾，並盡量與世界動向配合，凡此皆為促進報章雜誌的發達以及日本的新聞事業凌駕各先進國，而成為全世界最大的全國性報紙的主要原因。

戰後由於取消了過去限制言論自由的種種法規，因此，報紙的言論尺度極寬。甚至盟軍總部在其佔領期間為了管理報紙所頒佈的「新

聞條例」，亦在日本恢復獨立之後失效。日本新憲法中有禁止新聞檢查制度的規定，因而沒有以新聞為直接對象的法規限制，後來的「破防法」與「公職選舉法」，雖對新聞的報導稍有限制，但對於言論與報紙的自由，並無重大的影響。

除了對知識性的精神生活表現強烈的興趣之外，日本人也是十足的新聞狂。大約93%的日本人有每天看報紙的習慣。平均每人的報紙銷售量，除了瑞典之外，遠超過世界其他任何國家。目前，美國的報紙家數日益減少，但在日本，無論是地方性或區域性的新聞報業，卻仍在繼續不斷地成長。

目前屬於「日本新聞協會」的近百家報紙之中，除了《讀賣新聞》、《朝日新聞》、《每日新聞》、《產經新聞》與《日經新聞》等五大報屬全國性報紙之外，其餘都是地方性的報紙。根據最近的統計，《讀賣新聞》（日報與晚報合計）每日發行一千四百萬份以上，《朝日新聞》次之，約為一千二百萬份，《每日新聞》亦達六百萬份以上，五大報的總發行量幾乎佔了全國報紙發行總數的一半。全國日報的發行量已超過七千萬份，平均每一家庭擁有2.4份報紙。新聞報紙的發行量，若以人口平均購讀份數來看，堪稱世界之冠，足見其發行量和西方著名的報紙比較，實已遙遙領先。日本的木材專靠進口，以一個「木材小國」，卻成為「新聞大國」，可見其大眾傳播事業的發達。

日本的報社，除了刊印報紙、雜誌以及書籍之外，還從事許多文化事業與慈善事業的活動，並兼營電視事業。《讀賣新聞》的電視臺是第四頻道的「日本放送」，《每日新聞》的電視臺是第六頻道「TBS放送」，《朝日新聞》的電視臺是第十頻道的「朝日放送」，《日經新聞》的電視臺則是第十二頻道的「東京放送」。各家報紙也都有廣播電臺，成為新聞、電視、廣播電臺的三位一體。

除了極少數的例外，戰後的日本報紙並不像歐美的報紙帶有政治色彩，在政治上，報紙是中立的，有批評政府高官的傳統傾向，而且幾乎是清一色的民營公司，不屬於任何政黨和團體，頗具輿論的制衡力量。一個民主國家，端在新聞報導的自由，政府不會用「新聞法」或「新聞局」來箝制人民的喉舌。

日本在巴黎一地的特派員就比《新聞週刊》所有駐外人員多。日本傳播界是一項重要的國家資產。只要讀一份報，日本讀者所得到的資訊，就已超過大部分歐美報紙所能提供的分量。

## 二、出版

書在一般日本人的生活中，扮演著非常重要的角色。日本出版界一年大約出版四萬八千本以上（1993年）的新書。就絕對值來說，此數與美國差不多，但以每人平均數計算，則幾乎是美國的兩倍。就書籍所涵蓋的主題範圍而論，兩國大致相同，但日本人特別偏愛小說類。每年前三十名暢銷書排行榜中，絕大多數為小說類所佔。一部真正受歡迎的小說，通常可以銷售一百萬本以上，為作者賺取數百萬圓的版稅。日本人大多有讀書的習慣，通常多會把買回來的書確實看過。

日本規模最大的書店，高達八、九層樓，藏書涵蓋各類國內外書籍，應有盡有。平日連坐落在東京神田區的三省堂，都會擠滿人潮。

外國書籍的日譯本，在日本反而大行其道，俯拾即是。西方古典文學（世界文學名著），諸如托爾斯泰的《戰爭與和平》、斯坦達爾的《紅與黑》、莫泊桑的《女人的一生》等，年年都是最廣受閱讀的暢銷書。

戰後日本出版事業發展的迅速為世界之冠。經過出版景氣的最盛

時期，經濟恐慌後的一番整頓，至1950年代，出版事業逐漸進入健全合理化的安定狀態。其後，由於紙價驟漲，遂競相刊行「文庫」書，此種風潮迄今未衰。此外，由於政府修改稅法，規定教育、學術性的出版品一律免稅；加上日本經濟景氣復甦，一般人購買力提高，因此，除文庫版之外，「全集」、「選集」、「全書」、「講座」之類的叢書，亦極暢銷。

根據日本總務廳的統計（1988年），日本每年出版的圖書總數是四萬五千餘冊，佔全世界的第五位（蘇聯八萬四千冊，美國七萬七千冊，西德五萬四千冊，英國五萬三千冊）。但從人口平均出版數來看，則居世界第二位，僅次於德國。至於出版內容，則以應用科學書佔第一位(37.4%)，其次是社會科學(26.1%)，文學(16%)，藝術(3.2%)，由此可見日本社會重視應用科學的一斑。

除了報紙之外，由於讀者眾多，雜誌發行量亦極可觀，各行各業都有印刷精美的專門性雜誌。週刊雜誌初期均屬報社系統，其後雜誌系統的週刊相繼刊行，發行數高達數千萬冊。書籍、雜誌和報紙三足鼎立，使日本人的生活更充滿濃厚的書香氣息。

在月刊方面，《中央公論》、《文藝春秋》、《世界》等，不僅水準高，且極暢銷。雜誌的訂戶都在三十萬戶以上，迄今出版期數超過一千期以上（即出版年超過百年）的，有《中央公論》、《實業日本》、《婦女公論》、《思想》等。五大週刊雜誌是《現代》、《文春》、《新潮》、《朝日》與《每日》，漫畫雜誌更是洛陽紙貴。

每年都有十本以上的「百萬冊暢銷書」的登載。文學書以得過當年的「芥川獎」和「直木獎」的小說較受歡迎。以前松本清張的推理小說居冠，近年則以筒井、赤川和西村三人的小說最為賣座，其所得（版稅）超過五千萬圓。作家能成富翁的，世界沒有幾個國家，日本

的作家已和歐美並駕齊驅，能以文牟利，可見其出版業之發達。

## 三、電視與廣播

日本的電臺廣播開始於 1925 年。「日本放送協會」（NHK，即 Nippon Hōsō Kyokai），其前身為「東京電臺」，由於其在戰前與日本政府合作而被盟軍總部禁止廣播。直到1952年始獲准對外廣播。此外尚有「中部日本放送」、「新日本放送」、「朝日放送」等民間廣播電臺出現，迄1986年底為止，日本的民間廣播公司已超過一百家。

電視則自1953年起首播（彩色電視則開始於1960年代），有「日本放送協會」、「日本電視公司」等。NHK不但擁有發達的電視製造業，且已建立了全國性的廣播網。目前，日本電視廣播臺擁有七千分臺。在幾近八百個電視臺之中，大部分都播放彩色電視。截至1990年為止，彩色電視機已超過三千一百五十萬臺。近年來，有線電視(CATV)亦極發達，甚至衛星廣播有日漸增多之勢。

目前日本的電視普及率已超過100%。以電視為中心的影像，已和新聞、雜誌等印刷文字並立而成為情報媒體的主體。自通信衛星相繼升空以後，NHK拓展了衛星轉播部門，有二十四小時的衛星傳播。亞洲鄰近國家利用「小耳朵」，都能收看日本的衛星節目，加強了媒體的交流。

日本的電視節目有幾項特色：一是節目的製作盡量普及化。二是除了娛樂性之外，強調知識的啟迪與新知的傳播。不僅教育電視臺如此，連民營電視亦重視醫學知識、農業新知、以及有關國際的見識。

日本創造了世界上最廣佈、發展最進步的電視播放系統。日本的電視有公營和民營兩種電視頻道，全國大約有將近一千五百個VHF頻

道臺，和一萬個以上的UHF，大部分隸屬於NHK。在組織結構上，大致和英國廣播公司（British Broadcasting Corporation，簡稱BBC）相似，主要財務來源也是由電視用戶繳納費用支持。NHK有一半頻道完全播放教育性及文化性節目，甚至連綜合性電臺的娛樂節目時間，也只佔廣播時間的30%以下。

商業電視臺已成為日本全國最大的廣告媒體。雖然有低俗化節目，但卻微不足道，無可置疑的是，日本觀眾可選擇的電視節目，不論是品質或是種類，都超越美國。電視在日本社會裡，扮演著非常建設性的社會教育角色。

日本新聞報導的深度與廣度較佳。和日本報紙新聞不同的是，電視記者凡事無不力求客觀公正，同時還提供非常詳盡的新聞背景資料。

日本電視最大的榮耀在於其文化與教育節目。NHK不僅在戲劇製作方面，可媲美英國的英國廣播公司，且如同BBC，擁有自己專屬的交響樂團。在一般綜合教育方面，NHK製作出各種不同具有相當水準的節目，內容涵蓋面廣泛而豐富。此外，還有保健衛生、營養學以及英、法、德、俄、中、韓文等外國語文的教學節目。

## 四、大眾社會化的進展

資本主義經濟發展，僱用者的比重加重時，從村莊或城鎮的共同體地域社會疏離的人們增多。對於這些藍領與白領階級的人們，村莊或市街，多少已成為只不過是住居之場所而已。他們多數是擔當被組織化、細分化的事務或生產的一部分工作，他們的休閒活動或心靈的慰藉，已不能求諸於居住的村莊或城鎮。在個人經營為主體的村莊或城鎮中，個人人際關係被疏離的他們，利用工作之餘暇，唯有耽溺於

大眾文化或大眾娛樂。

這一動向稱之為大眾社會化，其萌芽乃是日本資本主義進入獨佔階段，產業化相當進展的大正末年到昭和初年，亦即被稱為大正民主時代到進入戰時體制前夕之間，明確的出現類此大眾社會化傾向。

實際上大眾社會正式的登場，乃在戰後的高度經濟成長時期。蓋大眾社會與高度產業社會乃至大眾消費時代相對應的社會。戰後，不管是白領或藍領階級，在高度成長時期顯著的增加，兩者之差距已逐漸縮小。

因應這種大眾化社會的是大眾傳播，這在戰後有顯著的發展。在1920年代，活字的新聞或雜誌，甚至是無聲的電影，為大眾傳播的主體，日本亦在1925年開始有電臺廣播，大眾傳播進步神速，但大規模的展開還是在戰後。

在播放電視初期，日本經濟尚處於復興期，電視價格高，買得起的家庭有限。但1960年，在一百個家庭中僅佔50.8%的黑白電視普及率，在五年後已達94.4%，現在則幾乎所有家庭都有彩色電視。電視成為與現代人們生活不能分開的東西。據NHK的調查，收視時間為平均每日三小時二十分，較之先進諸國的長一至一個半小時。這對日本人的生活時間結構大為改變。

大眾傳播主要角色的新聞，與過去比較，其比重雖有降低之勢，但現在日刊新聞，仍然有每千人五百六十五份的購報率，居世界第一的發行量。很多報社均與電視、電臺播送有密切關係，造成民間傳播媒體的系列，且已形成少數大報社資本的大眾傳播網。這些大報社兼營週刊雜誌、運動報紙，以應大眾的需要，其中週刊誌亦投入雜誌出版社，而成為大眾文化的有力一環。

這種大眾傳播，在大眾社會化之中，到底扮演甚麼樣的角色？當

電視時代來臨時，論者以為是「一億白痴化」。接受大眾傳播流出大量情報的大眾，會因情報內容的影響而劃一化，使全民的知識水準降低。事實上，大眾傳播仍有開發新領域的企圖，改變前近代價值觀的層面，因此不能斷定其為單純的「總白痴化」。但商業主義的大眾傳播，走向情緒主義，傾向於低俗娛樂節目，卻也不能否定其對大眾具有反效果，這主要是由於媒體的經營大都仰賴廣告所致。蓋報費與廣告收入的比率是四與六之比，新聞倚賴廣告日甚，民間的節目幾全賴廣告費的支持。廣告由於大量生產、大量販賣而大幅的擴張，新聞廣告費的比率，逐漸下降，而電視廣告收入則反而上升。蓋電視的廣告，訴諸於視聽的效果甚佳，能促進大眾的消費而大為流行。

## 五、資訊

日本人的求知慾，驅使日本的大眾傳播事業的發展，令人刮目相看。對日本人而言，「知識就是力量」這句話，不光是一句名言而已，而是一切事情運作的基本原則。日本人有收集情報資料的癖好，從首相辦公室，到民間公司行號，經常不斷地從事各種民意調查、市場調查、問卷調查，調查內容幾乎涵蓋了生活的每一層面。無論官方或民間企業，除非已取得相關的詳細資料，並作詳細的分析，否則不會著手進行一項新的事業。

電腦的出現，傳播科技的推陳出新，正給狂熱於資料情報的日本人，如魚得水般的得心應手。

## 第三節　大眾化運動

# 一、特殊運動

## 1. 相撲

相撲(sumō)是日本的國技，其歷史可以追溯到古代。神話時代有諸神鬥力的傳說；在農業時代，不僅作為運動，同時也占吉凶；直到6世紀始發展為供人觀看的運動。

很少有一種競技像相撲有如此繁雜的規則，除了兩個力士互競鬥力的短暫時間之外，自始至終，都受到繁雜的「儀式」所規範。這些「儀式」都是經過細心的設計，周詳的顧慮所作的方式與規矩，構成一種洗練的優美的「型」。不僅劍道、槍術、弓道等，武士道的「道」的理念如此，藝能方面的茶道、歌舞伎、舞踊等，亦都經過一定「作法」(sahō，規範，方式)與「型」，以追求樣式之美。

戰後，尤其經過電視轉播（1953年開始）後，相撲逐漸引起各方的興趣。1960年兩個全勝「橫綱」最後（千秋樂——相撲最後一天）對決的緊張氣氛正適合家庭茶餘飯後的電視觀戰。

相撲選手通常均須受非常嚴格的訓練（得從燒飯做菜、打掃廁所做起，甚至清洗馬桶），雖其外表脂肪豐厚，但其筋肉卻十分結實。能跑能跳，游泳亦敏捷矯健。

日本人視相撲為國家體育項目，極受歡迎。但往往費了數分鐘的賽前儀式，有時卻只有一剎那之間，即已賽完。

相撲界是一個保守，遠離俗世的純男性世界，絕不許女性靠近神聖的擂臺，否則必定拆除重建。

## 2. 柔道

柔道(Jūdō)是日本古來的武術之一，初稱柔術，乃係防禦外來敵人的徒手格鬥。16世紀後半葉始日趨規範化，形成一種較完善的武術技藝，並出現各種流派。到明治時代，經嘉納治五郎的研究與倡導，才開設「講道館」加以推廣，柔道乃逐漸興盛。

柔道的目的不僅在健康，求護身之術，且有提高精神修養以磨練身心的作用。柔道的原理是「以柔克剛」，即以柔(yawara)為基本，以投、固、當身術等三種技巧，學習攻擊、防禦之型，著重有效使用心身之力。

明治以後直至戰敗期間，柔道發展成為更多人所知的運動項目。第二次世界大戰中，日本利用柔道，灌輸軍國主義思想，因此於戰後一度被盟軍總部禁止。至1949年以後始又恢復，並向世界推廣。繼歐洲成立「歐洲柔道聯盟」（1948年）之後，「國際柔道聯盟」亦成立（1960年的奧林匹克運動會，定為正式的比賽項目）。

柔道在日本極為盛行，每年都舉辦十多次全國性比賽。柔道最能表現民族肯吃苦的氣質，因而頗受喜歡。

## 3. 劍道

劍道(kendō)就是用劍作為工具保衛自己的一種武術，是日本男子喜歡的體育運動。劍道的歷史悠久，古代的劍道且曾受到中國劍法的影響。室町時代（1333～1593年），由於戰亂，需要自衛，學習劍術者日益增多，劍道逐漸趨於體系化。劍道的流派漸多，各具特色。劍法發展到後期，更提升到技術與精神合一的境界。強調「劍禪一致」、「劍心一如」等心法修行的劍術訓練。至江戶時代，日本武士每喜表

演武技以顯示自己的才能，劍道遂亦愈來愈發展。

18世紀，改以竹刀(shinai)取代木刀，全身著防身具舉行比賽。比賽係以竹刀打擊對方的防身具以決勝負，以其一瞬間的動作制機先，著重精神貫注，與柔道同樣，終極之目的乃在人格的養成。這種以戰爭為目的的武術訓練，卻因後來長期無戰事，變成鍛鍊身體的項目，而成為「劍道」之由來。

明治維新初期，廢除武士制度，禁止人民帶刀，同時嚴禁練習劍術。但到了明治末年，軍國主義興起，劍道以振奮民族精神為名而大為倡導，甚至列為中學生的必修科目。戰敗後，劍道組織被解散，劍道亦被禁止，至1950年始又恢復活動。

### 4. 弓道

弓道 (kyūdō) 就是使用弓箭的一種技藝。日本的弓屬南方的長弓，有二公尺多，射法則接受中國的影響。

弓道在奈良時代、平安時代極為盛行，原係一種儀式，稱為射禮。10世紀武士階級興起，武士積極練習射箭，弓道更加發達。其後曾經作為實戰的技術；及至16世紀初，槍砲傳入日本以後，弓箭失去了實效性，毋寧作為鍛鍊身心的教養。

二次大戰前，弓道與劍道、柔道同被重視，且定為中學生的課程，男女學生都須練弓道。戰後，成立了全日本弓道聯盟，並且產生了專門的競技規則。

### 5. 空手道

空手道(karatedō)源自中國，14世紀傳入琉球，再傳日本。這是不能帶武器的庶民為了以徒手空拳護身所編成的保護身術。目前空手道

已擴及於全世界，已有二千萬人以上的人口。

## 第四節　藝能

### 一、茶道

　　茶道淵源於中國，在奈良時代中國的品茶法已傳入日本。但茶道的儀式卻在中國失傳。

　　自9世紀初以來，日本已有喝茶之風，其後約有四個世紀，雖有喝茶，卻無「茶之湯」（tyanoyu，品茗會），分別此兩者的茶禮，直到14世紀始完成。茶禮乃是傳自中國，以禪宗寺院的喝茶儀禮為主體所產生。

　　茶道的「抹茶法」始自鎌倉時代，在傳入佛教禪宗之際，介紹茶道到日本。在安土、桃山時代（16世紀後半），千利休完成茶道的改革，建立了茶道的理論、茶人的資格等制度，發展為茶道的主流，且促使茶道平民化。千氏一方面創立茶師制度，採取師徒秘傳的傳承方式，成為後來的家元（iemoto，某種技藝的宗師）制度。

　　茶道和花道是日本獨特的生活美學，可以創造出具有社會功能的價值認識。要瞭解日本人的心，就要先認識日本的茶道和花道（插花）。

　　有謂「日本好像小人國，但小巧玲瓏。日本人富有生活的藝術。」日本人的生活藝術，亦即日本的美學極受注重，茶道和花道最能代表日本美學的生活技能。這也是日本人在美學上的獨創性藝能。

　　日本的茶道並非只是喝茶而已，它是以茶會為前提而成立的。易

言之，茶道是以沏茶、品茶為手段，藉以聯絡感情、陶冶性格的一種獨特的活動，著重集團性、社交性這種人際關係的方式。茶道頗富藝術性和禮節性，它是場所、道具和人三位一體所創造出來的藝能，不但展現茶具和花具的造形之美，且重視「茶人」和「花人」人格的修養。在造形上，兩者都是追求「美的意識」的工藝；在實用上，兩者更是講求「美和用」的一致，由此創造出具有社會功能的價值認識。

茶道與花道同樣，注重「禮儀作法」。茶道的禮儀受到武士禮法與能樂(nōgaku)的影響。茶道的基本精神是「和、敬、清、寂」四規，意即和睦相處、互相尊敬、心平氣靜、閑寂優雅。「禮儀作法」因流派的不同而有「表千家」（不審庵）和「裏千家」（今日庵）、武者小路千家（官休庵）三大流派之分，但在用茶場所、選擇茶具和茶人人格的要求上，卻是大同小異，其基本禮儀是「美和用」的意識表現。正規的茶道是在茶室舉行，有時也有在庭園或寺廟等地的野外舉行。

中世時期，雖有「鬥茶」（南北朝、室町時代，在茶會中比賽分辨茶種的遊戲）等遊戲，或以茶會友的聚會，但彼此之間沒有對立，也沒有嚴肅專注的茶道，直到戰國時代才改變這種特質。在武田信玄、織田信長、豐臣秀吉（16世紀戰國時代的諸侯）等的倡導下，茶會成為導引武士進入和敬清寂境界的手段，走上私人聚會及修養心性之道。茶會（茶事）通常以三到五人為最理想，但亦有從數十人到一千人的大規模茶會。

明治維新後，由於日本社會開始西化，舊事物受到排斥，茶道也受到影響。第二次世界大戰後，日本經濟突飛猛進，逐漸重視文化教育，傳統的茶道也相應的得到普及。不僅社會上婦女喜歡茶道，連大學裏的家政系也開設茶道課。出嫁前的姑娘也都把茶道作為必修科目，藉以培養優雅、文靜的舉止與寬廣的胸懷。

日本人有把自然和神引進生活中的特性，把山水引進身旁的是庭園文化與花道，而把人拉近的則是茶室與茶道。

## 二、插花

插花(ikebana)亦稱花道，最早起源於中國佛教的供花，即向佛供獻鮮花。初亦傳自中國，至15世紀，插花藝術才臻於完善，而被稱為花道。

自古以來日本就有把花插入瓶內作為裝飾的風俗。插花的理念是以花枝表現大自然。15世紀末，日本的插花、和歌、能樂、茶道以及庭園建築等藝術都有顯著的發展，插花成了室內的重要裝飾。到了18世紀，江戶的商人統制了城市經濟，也繼承發展了文化事業，促進了庶民文化，插花藝術也呈現彩色繽紛的景象，並產生了池坊流 (Ikenoboryu)、小原流 (Ohararyu)、草月流 (Sōgetsryu)、安達流 (Adatiryu)等流派。

明治時代，在文明開化風潮下，深受西洋文明的影響，創始近代插花（盛花），展開了自由花運動，使用洋花，習插花者大多為上層階級的女性。

第二次世界大戰後，日本文化在風格和藝術上發生了很大的變化。結合對傳統的批判，掀起一項用現代藝術觀點的復興插花運動——前衛插花。即主張取材不侷限於有生命的草木，只要能賦與作品以生命感，而追求造形之美，連枯枝敗葉或鐵器、石膏等也都可以成為插花的材料，因而使花道更有生氣，多樣化而提高了插花的藝術價值。

插花（小原流）

插花也要達到「美和用」的境界，蓋從花的一枝一葉的選擇，花蕾綠葉的陪襯、季節氣氛的配合，到花具的大小、種類、粗細、方位等，都會表現在「花人」的人格，因此花道的修業有一套繁文縟節的禮儀準則。

現代的插花不僅可應用於展覽會、櫥窗、飯店、客廳及舞臺等的陳列裝飾。插花作為室內裝飾及生活樂趣，普遍地滲入日常生活中。插花與日本人的國民性和原始信仰有密切關係。插花是構成造形美，並使花人、花的美和道具場所合為一體的技能。

茶道和花道的「家元制度」，雖具有濃厚的封建性，但在獎勵傳統藝術的專利權上，卻是一種薪火相傳的獨特制度。歷史悠久的插花流派，均是世襲制，無論是「池坊流」或「草月流」的花道「家元」，師匠家傳，均屬秘傳獨授，甚至有傳至十八代或十九代者。「家元」依

靠「上納金」（日本人拜師學藝，要向「師範」繳納學費。「師範」為
了取得「家元」的認定，亦須每年繳交年費給「家元」） 過著閑情逸
致的優雅生活。每逢國家慶典或天皇宴客，必是座上貴賓。現在日本
插花組織多達三千五百個以上，學習插花的人約有一千五百萬人以上。

用石頭收縮的自然風光是庭園，用花將之重現的就是花道。但專
家卻說，把宇宙收縮得比庭園更理想的就是花道。欣賞日本庭園的方
法「不要看石頭，要看疊石法」， 欣賞插花的訣竅，亦是「不要看花
的美麗，而看花的組合法」。 日本人喜歡把花與浩瀚的自然空間一齊
剪下，並把它移入狹小的空間，可說是收縮文化的典型代表。

## 三、書道

書道（書法）是日本書、畫、琴、碁四大藝術之一。書道在東方
的藝術一向佔有很高的地位。漢字之傳入日本約在5～6世紀之間，日
本的書法亦在此一時期草創。7～8世紀（奈良時代）， 日本的書法主
要因襲隋、唐筆法，尤其受到王羲之的影響最鉅。至鎌倉、室町時代
（13～15世紀）佛教禪宗傳入日本，中國書法亦由來日講學的中國高
僧的傳播而發達，獨具風格的禪宗書道盛行一時。

17～19世紀（江戶時代）， 大多以中國書法為典範，多仿傚宋、
元、明各派作風（稱之為「唐樣」）。及至19世紀末年，經日本書法家
的倡導，一改過去一千多年的「帖學」， 引進嶄新風格的「碑學」，遂
成為日本近代書法的主流。

書道在日本極為普及，現有三千萬以上的人學習書道，佔全國人
口四分之一。

## 四、傳統的演劇

日本的演劇有長久的歷史，但並非是過去的逐漸發展變化而成為現在的演劇，而是原原本本的保留過去的形式，再加上新的東西，而使多種多樣的演劇共存。

傳統的演劇有14世紀以來的「能」(no)，以及「歌舞伎」(kabuki)等。

「能」是登場人物之中，主角戴假面，並有合唱歌謠與吹笛，打鼓等演奏的「囃子」(hayashi)等音樂的一種假面劇。能的舞臺一直延伸到觀眾前面的獨特構造，背景只有一枝老松。能樂在神社、寺院與將軍足利義滿、關白豐臣秀吉等庇護之下，直到江戶時代都在武士階級之間盛行，明治後衰退，最近始又復興。

歌舞伎起源於17世紀初，出雲大社的巫女阿國(okuni)，在京都開始作念佛舞踊。但以敗壞風俗而被禁止，只允許男性演出，直到現在仍然以男人扮演女性角色。

這些演劇至今雖仍受到愛好，但畢竟屬於少數。至於「浪花節」(naniwabushi)、「落語」(rakugo，類似單口相聲)、「民謠」等大眾藝能，則更受歡迎。

## 五、電影

戰後，日本電影在國際上得到很高的評價，其契機是1951年黑澤明導演的「羅生門」獲得坎城的金棕櫚獎。其後，衣笠貞之助導演的「地獄門」、黑澤明導演的「影武者」、今村昌平導演的「楢山節考」

等，都分別獲得各種國際電影節的大獎。

## 六、舞踊

日本舞踊可分為舞與踊二種，「能」以前的稱之為「舞」，歌舞伎以後的，叫「舞踊」。 在女歌舞伎被禁止以後，專門的舞踊家僅限於男子，直到 18 世紀始普及於「藝者」之間，而庶民的愛好者也增加。至20世紀初期，受西洋舞踊的影響，產生了新舞踊運動，現在則以女性為日本舞踊修習的中心。

個人的特別才能，視為文化財，這種「無形之技」受到政府的獎勵。文部大臣指定為「重要無形文化財」的，迄今已有上百件，先後有人間國寶近二百人。都是在音樂、演劇、工藝、技術方面出類拔萃，鶴立雞群的人（且文化上具有無形價值的）。

---- 第五章 ----

# 社會倫理與宗教信仰

## 第一節　社會倫理與價值觀

　　就中日兩國的家族倫理加以比較，中國著重血統主義，而日本則注重「家督」（戶主的身分）主義。中國對「家」的繼承，主要在繼承血統，而日本則在繼承「家督」或「家業」，而有高度的使命感。日本自江戶時代以後，君臣關係重於父子關係，社會義理重於家族關係，形成一個否定個人自主性，群體的人際關係優於血緣關係的倫理世界。

　　雖然兩千多年來中國文化給與日本相當深遠的影響，但兩個民族的性格卻有顯著的不同。中國人無論在共產政權之下，殖民地支配之下，或是在反共政權之下，仍然保持個人主義。就人際關係上，日本的禮節也有和中國相通之處，但是中國人沒有像日本人那樣重視人情義理，甚至是不講求禮儀、公德心，而群眾亦缺乏好奇心，卻具有日本人所缺少的直率性格。

　　中日文化最大的不同是，中國人生活在倫理和哲學體系之中，而這些正是日本人的弱點。日本人注重「人的結合」，「直接的體驗」，或者「折衷的」「實際的」「反主知主義的」。儘管日本人面向世界觀念，

可是和中國人的「觀念理念」相較之下，只能說是「經驗主義的理念」。

　　各國對於日本，均羨慕其為經濟大國，它有世界上最具效率的經濟，最先進的科技，甚且可能成為主要的軍事大國。但是多數的日本人都有資源「貧乏」的恐懼，且以為是處在各種大災難的威脅之下，天災地變隨時都可能突發而至。日本海島各地屢遭地震、海嘯、颱風等各種天然災害的襲擊，生活在這種既貧乏又險惡的環境下，無怪乎其產生一種「無助感」(consciousness of helplessness)，這種居安思危的心態，亦可稱之為「危機意識」(sense of vulnerability)。日本人對於天然災害隨時可能發生的潛在恐懼感，反而促使他們對事物之積極進取。1995 年的阪神大地震，更加強了日本人此一觀念，因而有高度的危機感。無論其來源為何，實不能否定日本人危機情結之強烈。

　　由於日本資源缺乏，幾乎所有工業能源以及原料全都仰賴外國進口，所需外匯則必須以出口產品賺得，因此，日本人懼怕任何進出口管道的阻斷迫使國家的經濟狀況陷入極端的困境。日本國土狹小，尤其是處在中國和俄國兩強之中，顯得特別渺小，更加深了日本人對可能遭受核子或傳統戰爭攻擊的無力感。

　　這些憂慮雖其可能性較微，但此憂患意識卻在日本國民心理上構成沈重的負擔，益增其現實性，培植其種族價值觀、儒教道德觀以及長年封建制度下養成重視階級、忠誠的觀念。這些特質構成了任何西方社會中無法見到的個人責任感，甚至集權主義最盛行的共產國家也望塵莫及。

　　日本舉國上下都有一種憂患意識，加上他們又深怕被認為是劣等民族，因而逐漸形成一種自大傲慢的優越感。這種民族優越感，可以套用美國陸軍一句流行的老話來形容，做一件事情有三種方法，即正確的方法，錯誤的方法，還有日本人的方法 (the right way, the wrong way, and the Japanese way。）

　　這種優越情結，經過第二次世界大戰的挫敗之後，迄今尚未復甦。日本近年來在各方面的優異成就，使他們受到全世界的矚目，日本的地位將愈來愈重要。近年來力爭聯合國安理會理事國的席次，積極扮演國際強國的角色。

　　在經濟生活裏，深植日本人心中的危機意識之具體表現就是，不論公司大小，彼此競爭非常激烈。這種由恐懼衍生而來的強烈競爭，當亦嚴重影響到日本與世界各國之間的關係。

## 一、日本人的意識結構與價值觀

　　日本從戰敗後經過了半世紀，其間整個社會發生很大的變動。這是戰敗的廢墟之中，任何人都沒有料想到的巨大變化。在如此大的變動中，日本人的意識當會有所改變。

　　一般而言，物質的文化，由於其效率而急速的變化，制度的文化或精神的文化，則非一朝一夕所能遽變。人的意識或特性，雖隨著社會環境變化而受影響，但基本的意識結構，則不容易改變。

　　當急遽產生社會變化時，在此之前已完成人格塑造的世代，以及在變化的社會環境中成長的世代之間，當會產生相當大的差異。在近代日本完成教育的明治、大正出生的世代，與戰敗時尚未成年的昭和出生的世代，甚至出生於戰後的世代之間，戰後變動的感受與影響不同，即使同為日本人，亦當然有其性格差異。昭和世代的人們，如今已佔全人口的八成，戰後出生的世代，已達半數以上，因此，即使基本的社會性格不變，世代的交替之中，當亦會產生相當大的變化。

　　過去形成、規範近代日本人的家庭、村莊與市街等社會結構均已

解體，身分階層的秩序亦已崩潰。日本人亦不得不有所改變。常被世俗或義理所束縛，心中常存「不要被人取笑，深怕羞恥」念頭的日本人，即使現在潛意識裏仍有類此教養，但卻在想法上，已採取否定這些義理人情的態度。

人們在家庭制度解體之中，尚殘留「家」的意識，無不希望重視各自的家庭，過著和平的溫和的「吾愛吾家」(my home)的生活。

現代大多數的日本人，可說是私生活優先的「吾愛吾家」型的人，家族為主的集團主義，即使與戰前不同，但卻仍然繼續存在。受到戰後美國經營方式的影響，而採取以橫寫文字所呈現在企業內實施教育訓練或人事管理的方法，且對日本式的家族主義認定其為屬於前近代的產物，但基本上，日本式的家族主義卻仍得以殘存，這正是支撐企業的成長與經濟高度成長的因素。高度成長的成果，再度給予飽受近代主義批判的家族主義的集團主義另一種評價。

即使是在工作場所，傳統的家族主義仍然存在。對企業與工會雙重的忠誠毫無抵觸，成為日本經濟發展的一大要件，使日本人專注於工作。但對工作有如蜜蜂般孜孜不倦的專業精神，近年來已有動搖的迹象。

對國家或天皇的忠誠已稍顯淡薄。無論如何，現代的日本人，只生活在工作場所與家庭，對此以外的社會較少關心。由於家族國家的解體，對國家的忠誠亦隨之淡薄。抱持「為了國家的繁榮，在某種程度犧牲個人的自由亦非得已」的想法的人，1956年超過五成，至1975年已低於三成。戰前，有八成以上的人，認為天皇是超過凡人的存在，現在持此見解的人卻已減為三成。雖有二成仍對天皇有好感，但卻有半數的人，表現相當冷漠。舊世代的人大多認同象徵天皇制，但年輕的一代，卻有三成認為有無都無所謂，甚至認為沒有較好。根據幾項

民意調查的綜合分析結果，發現日本人對天皇觀已有改變，以1933年出生的人為分水嶺，前一世代，尊敬派佔多數；後一世代，則大多漠不關心。隨著時代的推移，擁護天皇制的比例將日趨減少，這與戰前日本天皇為絕對的存在，已有很大的變化。

## 二、社會倫理

### 1.個人與家庭倫理

就中國與日本的家庭而論，最顯著的差異乃在中國是著重血統主義，而日本則是注重「家督」（戶主）主義。中國對「家」的繼承，意指不使祖先的血統斷絕，即以同樣的血統祭祀祖先。但日本的情況不同，所謂繼承「家」，如為武士是承繼「家督」，商人則是守「家業」，因此，不肖之子會被「勘當」（knadō，斷絕父子關係），而「養子緣組」（收養異性養子）之風，無論大名（諸侯）、武士或商人，都極普遍。進一步地說，日本武士之對職位，商人之對職業，無不懷抱積極遵守的高度使命感，易言之，這種傳統表示其對「暖簾」（noren，商號或招牌）之重視。

再就工匠的技術而言，中國自古即視之為「雕蟲小技」而加以忽視，日本則頗為重視，對有名工匠的社會評價極高。現在，有特殊才藝者，被政府指定為「人間國寶」（約有九十人）而受優遇。

再就個人倫理而言，日本的家族倫理嚴格要求建構傳統社會的親和力與秩序性，重法治精神，與中國重視血統主義（祖先崇拜，重視繼承、家族、系譜、血緣關係）迥然不同。

自江戶時代以降，即有君臣關係重於父子關係的傳統，由於社會

義理重於家族關係，因此有為了義理，不惜捨親的傾向。由此可見，雖在形式上不同於西歐，日本卻有優於血緣關係的倫理世界。基督教新教的倫理世界，僅止於信仰上的個人世界，而日本則是對藩，或「店」(tana)的一種集團性人際關係，就此而言，對個人的自立是否定的。

集團的人際關係，否定個人世界的自主性，因而產生為會社（公司）不顧家庭的所謂「猛烈社員」。 不論其為好為壞，這的確為日本資本主義的特徵之一。

## 2.政治的二元性

道德的權威（天皇）與政治的權威（攝政、關白、幕府）之分離，以及政治集團（武士）與經濟集團（商人）之分離，實為促使日本政治世界相對清純、乾淨的原因。因此，武士倫理作為明治官僚倫理而繼承的清純倫理性，對日本資本主義的發展實有間接的貢獻。

中國卻只是注重「升官發財」，升官與發財互為表裏，官僚一方為地主，而土地經營同時又為商業資本的基礎，可見政治與經濟相結合，此一關係常阻礙資本的自律性發展，清末民初自強（洋務）運動的停滯，其主因在此。

# 第二節　民族性

近年來，由於日本經濟奇蹟式的發展，引起世人對日本現代化成功的因素加以探討，認為群體意識、勤奮工作的傳統、以及忠誠(makoto)的為人處事態度等，是日本經濟發展的主要動力。這些內在的國民精神面貌，如團隊精神、嚴正的紀律、自我犧牲的主動精神、

善於模倣、調和、虛心學習、勤奮、進取等個性，多是自古以來傳統
的產物，有些則是經過社會的變遷而養成的。

這些民族的特性應與其歷史、社會、自然條件所形成的文化傳統
有關。這種文化傳統形成了日本人的性格與思維方法，這才是日本人
勤奮精神的來源。

此外，日本人具有強烈的群體意識，個人在群體中，有甘於奉獻
的精神。日本社會的階級意識極其明顯，雖已不像過去階級之分明，
但社會的階層結構，仍是基於資格、年齡等上下關係而形成。這種群
體意識的形成，緣於傳統的日本政治社會世襲的權力以及貴族、武士
等統治階級長久的歷史背景。

任何民族都具有其共同的性格特徵——民族性 (National Char-
acter)。一個國家的民族性並非是與生俱來，而是以民族構成的客觀要
素及主觀的民族意識為基礎，然後經由文化的途徑而形成。文化原有
形而下的有形器物以及形而上的無形的思想與精神。因此，民族性可
說是一國文化精神及整體的抽象表現。民族性不僅具有共通性，更有
其持續性。因此，不同的民族因其所居住的地域不同，而有不同的民
族性。

日本為一島國，在其形成民族性時，必然受到地理環境的影響，
因而有濃厚的「島國根性」。由於日本的領土有限，而四周卻是茫茫
大海，所以不得不依靠本身的力量，獨立奮鬥，組成國家，因而造成
日本人重視現實、好進取、抱持高度國家主義的民族性。

一個封閉性的島嶼國家，其思想的變動通常無法排除外來衝擊的
因素，易言之，它必先接受較高的文化，始能產生其獨特的文化。就
歷史的演進而言，日本人自古即從中國、印度等，吸收當時高度文明
國家的文化，近代以還，又吸收了歐美的先進科技文明，能將其融合

消化，而產生一種適合於日本本身發展及社會環境的文化。

受海洋性氣候的風土影響所有表現的形象，大致有下列幾點：開懷明朗，富於進取，靈活應變，但深具統一性，喜怒哀樂感受強烈，性情急躁。當然，這只是就一般而言，其間仍有相當的個別差異。

由於日本多山，河流湍急，雨多而易氾濫，且因火山多，自然災害頻發，造成人們心理上的緊張感。因此，性格上較急躁，對外界事物刺激的反應較快而敏感。敏感必然帶來好奇，好奇使其具有積極學習外國新鮮事物的傾向。

自然環境可以影響一國民族性的塑造，因此受自然環境影響的日本民族性，一般以為具有愛好自然，對四季及天候的變化敏感，感情單純而欠理性的特性，但這種說法未免太過單純。

中國也有很多透過日本民族所擁有的特性，來瞭解日本的民族性者，但甚少借助近代民族學、心理學、文化人類學等的分析或理論，大都憑藉經驗與直覺的日本民族性論。雖然如此，卻也能基於歷史經驗的累積，作叡智的人性觀察。

自19世紀末年以來，國人大都認為日本人樸素而勤勞。其原因有從武士道、宗教心來解釋，有歸因於國土狹小、山水清秀的自然條件，亦有求之於日本人口眾多，生存競爭激烈者，更有歸之於忠君思想與愛國心者。

近百年來，歷經重大變革的日本民族，到底有何特性？其民族性究竟如何形成？這些問題當因著眼點之不同而有差異，但大體而言，以下舉述的幾項日本人的民族性特徵，可說是比較值得注意的。

一、敬業精神：日本人在工作上講求面對挑戰，敬業的心理，因此能自動加班，盡力完成其工作，而有「猛烈社員」之譏。日本並不輕視貧賤的工作（如街上的清道夫、或打掃廁所的工人，並不以為恥），

而能敬業地完成其分內的工作。戰後，待遇雖然不優渥，但素質高的優秀勞工，是戰後工業的主要動力。

二、具有強烈的忠誠群體性：日本民族具有強烈的團結上進心，群體觀念強韌。這種「忠誠群體心」是促使日本經濟發達的重要原因之一。日本人的一生可說是各種不同的「歸屬團體」。日本的社會長期以來形成的倫理，並非以個人為本位，而是個人生活在各種集團之中，個人屬於不同集團的一員，因而形成日本人的集團習性，集團意識特強。在每一個集團之中，上下的地位關係極為嚴格，每個人必須按部就班，依年功序列的升遷，甚少躍級越進的可能。

有人認為地理的因素和文化因素相結合的日本種稻文化是日本人特異性的主因。水田稻作農業，必要集團作業與共同秩序。在一定時間裏集中種稻或割稻等作業，必要近鄰同時合力作共同作業，引到水田水的比率，亦需依據近鄰共同分配。由此，農民不得不對農村這一地域社會擁有歸屬意識，日本人的集團倫理，可以以此作最好的說明。日本種稻地帶的農村土地，甚至具有共產主義的意味。但此一說法並不妥當，蓋其他亞洲地帶（如韓國、錫蘭等地）亦屬種稻文化，但其性格卻與日本迥然不同。

日本一直被視為奸詐的民族，但其對內，卻有一股強烈的團隊精神，為整體的利益而互相協調、配合。政府、國民和工商界以及工廠老闆和員工之間，都能打成一片。一個中國人往往比一個日本人強，但兩個人以上的團結力，則不然。中國人常被形容為一盤散沙。

日本人無論在任何的團體中，總需要有「頭目」(boss) 領導，而不能自立，因此造成「民族性格的偏執」。日本人既有一種公而忘私的傾向，卻也容易產生群體意識，造成全體「連帶感」，而喪失個人的自主性，並嚴重的侵害了個人人性的尊嚴。

三、階級思想：日本在古代史上，已有「天孫降世、君臨天下」和男神戰勝女神的神話，而奠定了君貴民賤、男尊女卑兩種觀念與制度的基礎。自古以來，日本的社會階級極為明顯，中古以後，社會階級嚴格分成皇室、將軍、藩主、武士等統治階級，以及農民、商人、穢多等被統治階級。明治維新後，廢除封建制度，階級蛻變為皇室、華族、士族、平民等四級；近代則演變為士農工商。階級制度雖經迭變，但階級思想仍是根深蒂固。

只要有數人在一起，日本人就會意識到依年齡、社會地位等基準的序列，而其行動形式也受到影響。日本話敬語非常發達，這是因為重視上下關係使然。

自10世紀末至11世紀初，即有清少納言之《枕草子》，紫式部的《源氏物語》傑作出現，實為先進國家罕見。甚至有「妻問婚」(tsumadoikon，入贅制)。但中世以後日本的社會一直存有重男輕女的傳統觀念，戰前，日本的婦女只是男人的附屬品而已，可說毫無獨立人格與社會地位。在明治維新後，雖在「四民平等」的口號下，亦未獲得男女平等的地位；及至戰後，始在新憲法下，打破傳統家族主義所信奉家父長中心以及男尊女卑的觀念。戰後獲得解放的日本婦女，積極參與社會活動，但日本女性大都仍保持刻苦耐勞、有禮貌、服從、體貼的傳統優良美德。

四、認同與排外：一般而言，日本人不喜獨善其身，離群而索居。當決定自己的行動時，對於他人或自己的行動將會引起他人甚麼樣的反應，極為在意。日本人教育下一代的原則有二：一是誠實，二是「設身處地的為別人著想」。

另一方面，日本人卻把「自己人」和「外人」的界限訂得很明確。當「外人」要加入其團體時，每每具有強烈的排外意識和崇洋的態度，

而這兩種心理作用卻同時矛盾而和諧的存在於其社會中。由於其對「外人」的排外態度，而形成日本人在歸屬意識與安全感之下，願對所屬團體效忠，甚至犧牲生命亦所不惜。

連僑居外國者的回國亦不受歡迎，以「已非日本人」為由，拒絕僱用，蓋恐其帶來外國作風，擾亂公司秩序，或不肯與同僚同樣，耐心等候升遷。歸僑家庭的孩子，在學校亦會遭到排擠，蓋其外（英）語說得太好，或因其在課堂上舉手發言，忘了學生在課堂上是不能隨意向老師發問的傳統。

從戰後日本對韓國、臺灣等日本兵賠償之不公或在夏威夷銷售公寓限定買主為日本人等種種行徑，即可瞭然於日本人的偏執，心胸狹隘。他們堅拒外籍勞工，外國人在日本的公司職員、公務員、教員甚難立足，大學更是拒絕採用外國人，取得日本國籍難如登天，逃亡到日本的外交官或外國留學生，不僅未受庇護，甚至還在屈辱下被強制驅逐。近年來「國際化」的論調甚囂塵上，但其排外意識仍極強烈。

日本人深具民族的優越感及不人道的可恨姿態，在排外之外，對「外人」的想法及批評，卻又極其敏感。

日本社會中，至少有兩百萬化外之民，以前被稱為穢多(eta)或非人(hinin)，現在美其名曰「部落民」。這些人在種族上與一般日本人並無不同，法律上也享有同等的地位。但是大部分卻住在貧窮不堪的「部落」中，忍受長期的社會、經濟歧視。其原因是歷史的，有謂其為古代戰俘的後裔，或謂其從事反佛教或可怕的行業（如製革、撿骨等）而留下污名。不論其理由為何，大多數的日本人都盡可能避免和部落民交往，兒女結婚前，尤須調查清楚，確定其對象沒有部落民的血統。

另一主要少數民族是韓國人（約六十萬人，這是第二次世界大戰時期強制帶到日本的勞工）。部落民、以及中國出生的，或歐亞混血

兒等合計尚不到日本總人口的3%，但此3%的人，永遠不會被其他97%的日本人同化，大部分日本人對部落民的態度就是拒絕承認其存在。至於韓國人，雖長久以來居住在日本，其子女在日本出生，受教育，說日本話，連思想亦被日本化，但日本社會迄未能包容。

取得日本公民權十分困難。移民或移民的後代，想要「變成日本人」，實不能與「變成美國人」相提並論。

比起世界大部分其他集權社會的人民，日本人更是被他們所屬的各個團體，如國家、公司等的責任感所控制。矛盾的是，這種責任感正是促成其工作的動機和高效率的主要因素。

五、富於模倣調和：日本人固然善於吸收模倣外來的文化，但在吸收時，擇善而不固執，而且是將外來文化與日本固有文化融和而形成新的日本文化。由於其具有同化、調和外來文化的功能，因此，自古以來即甚少積極性的社會革命。這也是「三教合一論」所以流傳的原因。

日本人是明顯的傾向於情緒化的，而其他的先進國家，則傾向於原則性的肆應方式。其不同的原因實來自日本在歷史上與外國相抗衡或受外國侵略、統治的時間甚少，因此，在自己的地盤上甚難有一個具有普遍性及絕對性的思想體系之發展，然而卻擅於取法外國而找出其獨特的思想體系。因此認為模倣是一種美德，針對每個時代的生活需要，只要外來的文化較為前進、嶄新，都值得引進採用。

日本人會繼續向西方學習，尤其是在社會和心理上，其中最大的動機是一種孩童般的好奇心——尤其是對美國。美國流行的東西，幾乎同時都可以在日本流行。

日本向西方學習的動機是懼怕西洋人譏笑他們是「落後」的國家。為了避免這種羞辱，日本社會中總有一批人專門在蒐集、吸收美國的

社會、學術新潮流，如保護消費者主義、環境保護主義、新女性主義等。這些雖不一定會在日本生根，但至少會在日本出現。

　　儘管日本人執意模倣西洋的一切事物，願意大量吸收外國的新觀念、新制度和科技新知。雖然多數的日本人會非常禮貌的慇懃款待來訪的外國客人，但是大多數的日本人並不喜歡和外國人有過多的人際接觸，蓋其心目中，仍然覺得日本人是世界上最優異的民族。

　　日本民族對外來文化和思想，不但沒有異端感，抵觸感和偏見，反而能以外國的先進文化與思想為師，全力移植、吸收。由於這種傳統的虛心善學的素質，所以並不保守。亦即能適應時代潮流，隨時朝向新的學習目標。近代以前，日本民族的文化和思想習慣中，雖深受中國文化的影響，但面對西力衝擊之後，立刻推動近代化，全盤吸收新的文化思想和科技。

　　六、富於吃苦耐勞而勤勉：日本民族具有奮發圖強，吃苦耐勞的精神。日本是一個地狹人稠的島國，在明治維新之前，日本社會是以小農經濟為主，耕作以人力為主，但幕府政治卻是苛捐雜稅的剝削，農民的生活極為困苦。在此惡劣的勞動環境以及奴隸般的生活困境下，農民除了勤奮的勞動之外，還必須要有生存的耐性。明治維新後，近代化之所以能順利的進行，實有賴一大群有奮發圖強，吃苦耐勞的勞工階級與農民的犧牲奉獻。

　　日本人是舉世聞名的工作狂，許多人的確就是因為辛勞工作而「過勞死」。

　　日本人的勤奮精神主要與其歷史、社會、自然條件所形成的文化傳統有關，這種文化傳統形成了日本人的性格與思維方法。

　　明治維新的結果，日本首重教育之普及，大力興辦學校，培養人才。為此貧窮人家的子弟有了受教育的機會，其中一些人經過刻苦學

習，歷經艱辛，終於成家立業，走向上流社會，人們稱之為「立身出世」。 但明治大正時期的發跡者，大半是士族子弟，他們都是苦學成功的，後來許多貧苦農家子弟也能經過苦學成功而飛黃騰達。苦學成功者，需有毅力和才華，因此，在其功成名就之後，有人為其著書立傳，把他們塑造成英雄式的人物。因此，名人傳大多是宣揚「立身出世」——發跡成名的故事。

日本學校中，一直以「立身出世」——發跡成名的思想激勵學生，這也成為大多數人奮鬥的目標。

這種傾向，以1868年明治維新為契機，更為明顯。過去土地是屬於領主所有，如今卻已變成佃農所有，不僅田園可以自由買賣，甚至享受遷徙的自由，職業的自由，身分制度亦已廢除。在此狀況下，自19世紀末起，只要憑恃個人的能力與努力，社會地位提升的可能性大增。貧農的子弟只要努力，亦可償其大臣、大將的美夢。「立身出世」成為青年的口號。

今日爭取立身出世的方法首須進入「名門」大學，蓋其學歷與出身大學在在影響其一生。由於教育的高度發展，大學很多，日間部大學有四百四十多所，專科學校有五百多所，此外還有各種專門學校六十多所。其中又有國立、公立、私立之分。由於各種學校師資不同，知名度不一，就形成一流、二流、三流等差別。一般來說，一流大學畢業的，容易進入一流公司或有名的學校任職。一流的公司行號不僅名聲好，待遇高，晉升機會亦多。用人單位考核新人的辦法主要是看畢業證書，所以名牌大學的證書成了光榮的，暢通無阻的「通行證」。現代家庭教育子女的任務，由母親負責，她們對孩子的未來考慮得十分細緻周全，使孩子從小學時代起，就為升大學作準備。她們為孩子聘請家庭教師，尋找補習學校，督促孩子認真用功，應付一級級的考

試。日本的教育體系就是升學、考試的體系。

立身出世的思想給日本人帶來的影響是能吃苦，有韌性。因有奮鬥目標，在競爭環境中長大，首先養成了刻苦學習、認真作事的習慣。他們不只基礎智識紮實，而且工作認真，不敷衍。他們有強烈的不服輸，不甘示弱的特點。

青少年離開學校後，無論是升學或進入公司、工廠，或繼承父輩經營商業，都能把這種精神帶到各種崗位。經過各種行業的科學管理教育之後，就表現出兢兢業業的工作精神和力爭上游的幹勁。他們一般都能吃苦，規律性強，忠於職守，而有如工蜂一樣的勤勞。

日本人勤勉倫理的背景，實有其與西歐或其他亞洲不同的勞動觀。主要的是並沒有對勞動蔑視的觀念。這又與日本人的現世人生觀有很深的關係。日本人的人生觀著重於追求現世的幸福。在水田耕作社會或企業社會裏，勞動與現世的幸福實為表裏關係。然而支撐如此現世的人生觀的則是現世的宗教。傳統宗教神道，均屬於祈願現世幸福的宗教。西元 6 世紀傳來的佛教，被接受為與彼岸（來世）世界有關的宗教，在日本人之間雖同時信仰兩種宗教，但大多數人的日常生活，仍以信仰神道教者居多。

日本人不認為休息有積極的意義，休息被認為有負疚之感，雖盛行休閒活動，只是當作發洩憂鬱的手段，並沒有發現其中的生活意義。從工作之中才能找出人生的意義，這就是日本人的勞動倫理。

日本人的勤勉已是舉世聞名，這應是美德，但卻含有反諷的意味。事實上日本人的勤勉有幾個含意：一是對於指定工作之忠實。日本產品信賴性之高，其原因在此。二是缺勤率極低，除了生病以外幾乎不缺席。通常在規定的特別休假日亦自甘放棄。三是對於加班或假日出勤絕無怨言。因此年間勞動時間長，與歐美的一千八百小時相比，日

本竟然長達二千一百小時。據統計比較，一個日本工人每年勞動時間，比較德國工人多出三個月，難怪前首相中曾根康弘評論美國工人懶惰。

日本人已形成良好的勤勉勞動習慣。一種社會風氣的形成與其社會條件及信仰密不可分。歷史上所形成的發跡成名思想，在日本人心理上產生了極大的影響，甚至形成一種信仰，此一信仰帶來了力量與勤奮的精神，許多良好的制度與方法便由此產生。

日本社會是提倡勤勞節儉，艱苦努力，鼓勵個人奮鬥的社會。中日自古雖同為封建社會，但日本在財富集中方面，兩極分化的程度不如中國之嚴重；天皇、諸侯（大名）、地主等高階層的驕奢淫逸生活亦不及中國的帝王貴族之甚。日本統治階級的奢華對一般民眾的影響較小，因此古代的節儉、勤勞風氣尚能遺留下來。

日本人勤勉的另一姿態是，即使高齡亦不放棄工作而不斷地工作。日本有終身僱用制度，但在退休之後，仍不會離開勞動市場，而繼續工作六～七年。六十五歲前後的人仍有65%的人依然在工作，其主要的目的是從工作中找尋其生活的意義。

日本人之如此勤勉，可說是自古以來的「慣習」。蓋日本人的生活基盤乃在水田耕作。水田耕作雖受天候等自然條件的影響，但與人們的勞動大有關連。此外，水田耕作有部落共同體的強烈傾向，這在共同作業或村莊的生活方式上種種規制有趨向保守的作用，此與德川時代成為崇尚節約的倫理相契合。

日本的僱用關係中，管理、監督者都是連續的。勞動者只要連續勤務二十年，可以升進下級管理者的職位，甚至轉任監督職務亦無困難；從職員升為工廠廠長者亦多。即使勞工的子弟，亦可憑恃其學力，進入大學，畢業後即可參與白領階級的行列，進入管理階層之中，階級間的流動全然憑恃個人的努力。

　　日本企業中的終身僱用與「年功序列」的「慣行」，由「企業一家」即可顯示，在企業本身內含共同體關係。在此共同體之中，強調「和」，而不鼓勵同事之間的惡性競爭，便成為抑制勤勉的倫理，但勤勉倫理的發揮，或者具有活力，乃倚恃共同體之間的競爭。日本為企業間競爭劇烈的社會，在同一企業之中，工廠之間、各單位間的競爭相當激烈，此時共同體的成員必須合力勤勉工作。

　　七、注重外表齊一性：日本人不僅在表面上重視外表，「思想」層面上亦是如此。外表形式深刻地影響到日本人的思想與行動，在教育方面，訂立理想的「型」作為其生活的規範；在政治方面，分別隸屬於某一「型」（派閥）；在經濟方面，則造就一個國家發展的「型」。

　　日本的學校常開演講會，聽眾雖多至數百人，也不至於喧嘩吵鬧。偶而雖有竊竊私語，但聲音很小，盡力避免妨礙他人，不像國人無處不吵，形成噪音。

　　據清朝旅遊日本的文人筆記：「日本雖在劇場或寺院，男女都聚集的地方，站著或坐著，皆按照先後的順序，靜肅排列，並無相推，相加話者，滿堂寂靜，隨便談笑的人沒有。雖幾百人來觀聽，也是寂無聲音。」「日本人在街上走著路，腳步快，也不俯著頭，也不東盼西顧。若中國人摻雜其中，則一目了然。蓋因其腳步慢，彎著身，左右顧盼，幾等於病人樣子。日本人見之，竊竊笑之。」「日本的風俗好的地方很多，……和我國相較，有如天與地（天壤）之別。這也是因其有教育的基礎及法規完備所致。我國的教育家們，對於學生們的日常生活全不管，只高談像經、史、禮、樂等書而已。又我國的政治家們，不知《周官》（即《周禮》，共四十二卷），是法規之書，只談『以德化民』，而忘了實際上施行的路序。看了日本，就應該自悟其錯誤才是。」

　　八、愛好清潔：根據《明治時代中日文化的連繫》（實藤惠秀，明

治日支文化交涉，1943年，譯本）的記載，清末中國人抵達日本的頭一個印象是1.日本街道的清潔，2.日本人入浴之嗜好，3.日本人對於草木之愛護，對於衛生習慣（思想）亦加讚美。

甲午戰爭以前已有記述日本的習俗謂：「日本人的性情好潔淨，日日必入浴。男女數人在同一澡堂入浴，而不嫌棄。又在街旁巷口置盆桶，可以男女輪浴。」或謂：「日本的習俗不以男女同浴為嫌，竊問其底細，則說：以順天地自然之性云」。

甲午戰爭之後，乃把日人喜歡入浴事，連結到衛生思想發達上去。據《東遊管見》：「日人入浴之常，是衛生之一端。日本的東西樣樣都貴，唯有公眾澡房便宜。較便宜的，每次二十五文，貴的也不出三十五文（等於三錢）所以日人無不入浴之日。然而廣東近於熱帶，市街雖是繁榮，但在全市裏，連一個普通的公共浴房也沒有，這實在令人不解。」

邱鼎汾於民國初期撰《視察報告書》說「日人酷愛洗澡，其所以然的道理，也許基於水之易得乎？又如將其家、院子弄乾淨，或撒水道路，不讓其起塵埃等，都可同歸因於水之易得的。日本是島國，因水源多，處處設有水力發電所，不拘是都市，是村落，沒有自來水的，幾乎沒有。因水容易得，所以愛好清潔的心情油然而生。一般人們有了愛好清潔的心情，自會生出『自愛之心』，且能以此愛心擴及於國家，願清除國家的陳腐訛弊！」

日本人的勤勞尤其表現在對整潔的要求上。整潔(clean)與美麗(beautiful)，日文同為「綺麗」(kirei)，可見其重視整潔之一斑。

日本人是以最清潔的民族而聞名。雖然日本的濕氣為法國的二倍，但日本人喜歡洗澡。像武士須不離刀一樣，日本人是片刻都不離掃帚。掃、揮、洗、磨的日本生活，就是對垃圾之戰。

　　日本人的個性，不與無用的東西共生存，無法忍受沒有必要的或是多餘的東西，眼前的沒有必要的東西，必會立刻加以掃除、割除，而沒有垃圾存在的自然界，似已變成真空的世界。

　　日本國土狹小，天然資源匱乏，物價昂貴，卻有人定勝天，克服一切的本事。火車雖常擠得水洩不通，東京的「山手線」列車，甚至有專門協助推旅客上車的，但卻清潔、安全而準時。

　　京都著名寺廟和神殿或街道，給觀光客印象最深的是一塵不染的清淨。不僅是公共場所如此，連工廠、家裏，均能保持整潔。看看美國舊金山、紐約華人街(China town)之髒亂與日本人聚集地方之潔淨，成為顯著的對比，即可瞭然。

　　工廠亦都能保持整潔，這對要求無塵環境的精密高科技工業產品非常有利。以超大型積體電路的生產環境為例，在0.5micron（即百萬分之一公尺）的空間裏，不能超過一百個漂浮粒子存在的條件下，日本人勤於保持工廠的整潔習慣，的確可以減低產品的不良比率，這是日本人「工業性勤勞」的特性。

　　日本人雖具有上述民族性格的優異特徵，但亦有缺乏偉大的哲學、宗教思想，有自卑感與優越感的矛盾情結，強烈的排他性，集團情緒危機，以及可怕的多變性等缺點。

　　總而言之，日本民族雖極勤勉、優秀，但因過分重視現實，唯利是圖，且由於團體意識的導向，對外國有潛在的畏懼，所以使日本容易動員起來訴諸暴力。近代日本狹隘的民族主義意識、愛國主義情緒的高昂，導致了世界大戰。因此，希望其能從慘痛的歷史中獲得教訓，以免軍國主義復活，再度破壞世界的和平。

# 第三節　武士道

## 1.武士道的緣起

武士道是以日本神道的固有精神為基礎，參雜儒教的義理與佛教的情操，三者融合發展為日本特有的道義精神。

日本自鎌倉幕府的12世紀起，經過南北朝、室町時代，到江戶德川幕府結束（1867年）為止，大約七百年之間，為武士統治的時代。指揮三、五人的低階武士固屬武士階級，握有全國統治權的將軍亦是武士。總之，12至19世紀之間，武士是日本的統治階級。「武士道」(bushidō)則是武士的「道德以及行為準則」。 易言之，武士道是鎌倉時代至江戶時代，受到儒教思想薰陶，集儒、佛與神道義理之大成的武士階層的倫理道德體系。武士是以武藝為專業。武士的冷靜氣質是歷代有修養的日本人的心理特徵,同時也是日本人固有的精神和道德。

江戶時代的社會階級制度仍以武士為中心，當時的武士雖僅居總人口的百分之十弱，卻成為統治階級而具有絕對的權威。

武士道的起源是12世紀創始鎌倉幕府的源賴朝及其家臣團之間所形成，主人（將軍）與家臣（御家人）之間的生活習慣。即是家臣的侍(samurai)對於日日保護其生活的主君的「御恩」(goon)，「奉公」報答的一種義務，一旦有事（戰爭），則「不惜身命」，挺身護衛主君，為主君奉獻(hataraki)，推崇這種獻身的奉獻精神，成為名譽，而有「人只有一代，名（名譽）為末代（永久）」 的諺語。卑怯的行為被認為是恥辱；勇敢的行為，不僅是名譽，且給予恩賞（主要是領地）， 奉

公與恩賞乃是相應的價值。

　　鎌倉時代武士生活方面的生活規範「掟」（okite，教訓或規範之意），經過戰國時代傳到江戶時代。由是，武士不忘對主君的奉公，重視勇氣與名譽，不斷的鍛鍊身體與武技，並學習戰略與戰術，以取勝於戰場。

　　武士精神的基本特質為「忠義」、「剛健」和「超脫生死」，以及「孝道」、「禮儀」、「名譽」、「廉潔」諸德性。這種武士特有的德性，固然源自武士階級的生活所必需，但就精神方面言，長年遺傳下來的生活意識所鑄成的道德和信仰，也是導致他們肯犧牲自己和家族的生命，為主君犧牲奉獻的重要因素。

　　武士與主君之間所產生的主從關係與恩愛關係，造成主君對武士的「慈愛」以及武士對主君的「獻身」愈益牢固的要素。這種生死與共的人生結合，已具有超越利害關係的嚴肅性，產生出平安時代以來貴族社會所欠缺的精神領域，實踐性道德主義的武士道精神，乃應運而生。

　　德川時代由於宋代理學輸入日本，儒家思想遂成為武士教養的中心，文武兩道兼並為武士所欲達到的理想。武士道從鎌倉時代開始日漸發達，降至德川時代愈加興盛而集其大成。

　　武士道所講求的重要關鍵是君臣關係、「主從關係」，因而「君臣之義」乃成為武士道的出發點。君臣之義是以信義為貴，此種精神即為重然諾的精神，由此逐漸拓展為重名譽、廉恥的心理，進而強調武勇之風，崇尚質素、節儉，並將之定為日常生活的準繩。

　　武士道理論的確立，受到山鹿素行（1622～1685年）的影響為最。他認為武士是居於農工商三民之上，故必須培育其端莊的氣質，養成寬大的氣概，鼓舞其忠勇、仁義的實踐性行動，且培育文武兼備的德

性，使武士的生活合理化，並認為「理」並非宇宙之根源或本體，而是貫通天地，自然與社會之理，一切學問均應探究聖人的真意，以瞭解聖人之所言，因此，開啟了客觀研究學問的方法，建立武士道的理論根據。他主張君臣的關係是為天命，神聖不可侵犯，並將此種關係提升到超越恩賞與封祿，而達到「以生死委君心」的境界。

江戶時代（1716年）所撰《葉隱》(Hagakure)乃是保存古典形態傳統的武士道。由其中一句「所謂武士道乃是發現死亡」(Bushidō, I have realized, means die.)即可以得知《葉隱》的精神所在。這是日本武士道全體系之中的一部分想法。

日本人傳統有「過分執著生，會讓人看不起」的觀念，尤其是身為領導階層的武士，被嚴格要求必須具備這種不怕死的精神。如果做出不名譽的事，或遇到大挫折，武士就要抱著一死的決心來收拾殘局。武士們認為可藉死來免除一切責任，亦即「以死謝罪」，而有死後成佛的觀念。

至於關西流的武士道，則以赤穗浪士的復仇事件（大石良雄等四十七人為了主君淺野內匠頭(Asano Takuminokami)的「無念」(悔恨)，經過千辛萬苦，潛入其宿敵吉良上野介 (Kira Kozukenosuke) 之邸宅，砍殺其頭的事件）為典型。

儒學者山鹿素行（1622～1685年），寫過多數武士道的書，他以為武士居於農、工、商三民之上，為各行業之典範。農工商每天都為勞動而忙，而武士卻不勞而獲，坐享其成，當以實現人倫之道為其專職的身分，足為和平社會（事實上，江戶時代1638年天草之亂到1868年的鳥羽、伏見之戰為止的二百三十年間，從未發生過一次戰爭）民眾道德的楷模。

甲午戰爭日本的勝利，世人頗感驚訝，新渡戶稻造於1899年，出

版《武士道》（英文版，以「日本魂——日本思想之解明」為副題），
闡釋日本所以獲勝的原因，歸功於武士道所表現日本國民道德的、宗
教的特質，此即第三個形態的「明治武士道」。新渡戶將之追溯到鎌
倉時代以前，與古代神道的自然崇拜或祖先崇拜相結合，對於日本的
皇室一如英國的皇室，視之為「國民統一的創造者象徵」。武士道所
倡導的忠君愛國，則是源自古代以來的民族信仰神道。新渡戶以為武
士道的文化源自佛教禪宗的教義，神道忠君、敬祖、孝順等美德，以
及孔孟五倫的儒家思想學說，並將武士道分為三種：一是12世紀封建
社會產物的鎌倉武士道。二是幕藩體制封建社會的儒教武士道。三是
超越前兩者的第三個形態——新武士道。

　　武士道是在「以戰爭為職業的武士社會裏發達出來的特殊的實踐
道德。」日本的武士與歐洲中世紀的「騎士」(knight)有相通之處，兩
者均偏離現實，極力追求精神境界的提升。武士道乃是武士在公務以
及私生活中必須遵守的準則，伴隨武士階級而存在的義務。歐洲的騎
士道受基督教的影響而發達，騎士道與武士道在很多地方雖有其共通
性，但西方的主從關係具有封建契約的性質，與武士道之注重絕對的
忠誠迥然不同。

　　洪炎秋比較中日行為準則的不同說：「中國雖有很深遠的哲學思想
和很切實的道理原理，可是見於理論的比較多，而見於實踐的比較少，
以致不能夠表現出偉大的力量來。武士道則不崇尚理論，而著重實行，
這點最可以供我們借鏡。因為不管這是多麼奧妙的理論，如果你不能
把它實行出來，那不過只是紙上談兵而已，對於社會人心是不能有所
裨益的。我們中國坐而言的理論道德太多，起而行的實踐道德卻不能
配合得上；日本的武士道恰恰和我們的情形相反，是針砭我們的一劑
良藥。」這的確是值得我們省思的。

今日日本人在工商業等表現強烈的使命感與勤勞等優點，似乎是武士道精神的反映，這是日本經濟發展的原動力。

森島通夫說「在德川時代中期，在大地主、大商號出現的同時，卻也有眾多的人淪為小農民、店員或僕從，這些人後來演變成如同武士效忠領主一般的，不得不忠心耿耿為主人做事，這正是『武士道世俗化』的開端。」

有謂「日本固有的精神是大和民族所特有的根本道德，通常簡稱為神道」。神道是日本人固有的精神，神道思想是「大和魂」的表現。神道特別重視的德目為「清淨潔白，誠實正直，孝順忠良，勇壯快活，溫和寬仁」等德性，由此可見武士道的精神顯然與神道思想是相通的。

## 2.武士的教育與行為規範

### (1)武士的教育、職責與生活

武士是將軍幕府時代的特殊階級，據統計，18世紀初，江戶的武士有二十六餘萬人，19世紀中葉則近三十萬人。至於全國則有六十萬人左右，武士及其家眷總共有二百五十萬人左右，約為總人口的十分之一。

由於武士具有特殊的身分，武士之子從小即須接受與一般兒童不同的嚴格教育與訓練，連地位較高的武士亦不能例外。以薩摩藩為例，其武士子弟從六歲起即須接受讀書、武術以及精神鍛鍊，以維持武士道的優良傳統。武藝的內容包含「兵學」、騎馬、槍術、柔術，以及砲術等，武士的生活條件「一是擊劍、二是讀書、三是交友」。據新渡戶稻造在《武士道》指出，武士道的主要教育科目是擊劍、弓術、柔術、馬術、槍術、兵法、書道、倫理以及文學與歷史。此外，日常的禮儀亦極重要。

其實武士的範圍甚廣，從最低的二百石級武士，到數十萬石的藩主（大名）都是武士，但低階武士的生活卻極困苦。江戶時代初期，低階武士以其領邑（數百石）發給農民耕作，抽取收成的四成，作為生活之資，僅能勉強維持一般水準的生活而已。

「武士捨利以求名，商賈捨名而求利，累積金銀，是為商人之道」。武士與商人之間形成階級分明的社會結構。雖然武士必須養成節儉的習慣，但到了幕府末期，由於經濟結構的變化，武士生活日益拮据，其家眷生活更是捉襟見肘，於是大多數的武士不得不省吃儉用，武士家庭遂亦被迫從事農耕，甚至屢向商人借貸。

此外，遇有大名（daimyo，諸侯）「增封」「轉封」或是「減封」（領地規模以及所在地的變動）時，不僅直接影響到大名本身，連帶也影響到其屬下武士的生活。

總之，自鐮倉幕府到江戶幕府，前後七百年間，武士在經濟上相當困難。因此，「武士的品格高尚，然而生活貧苦」。

(2)武士的行為規範

武士道的建立繫於主從關係，武士道的精神則根源於「恩」(on)與「義理」(giri)，並衍生盡忠誠、尚武勇、重名譽、守禮儀、操守廉潔、生活樸素的武士行為準則。負面影響則是多數國民均被排除於政治圈外，甚至出現一部分沒有姓，不見天日的「穢多」(eta)、「非人」(hinin)等低階層部落民。且以婦女為男性附屬形態的存在，女權低落。

世人一提及日本，馬上就連想到白雪皚皚秀麗的富士山及「切腹」(harakiri)。日本的武士把死當家常便飯，但絕非輕視死，相反的，正因為認為死是可怕的，力圖迴避，才會早晚想到死。西洋人把手放在聖經上發誓，日本人卻是用生命發誓。日本人所喜好的，就是「有死的決心，無事不成」的精神。

切腹起源於12世紀中葉鎌倉時代，到江戶時代，犯罪的武士，亦以切腹作為刑罰的一種（但不及於貴族或公卿）。切腹自殺則有固定的儀式❶。

1970年代秋天發生的三島由紀夫因《憂國》一書而切腹自殺死亡的事件，給世人相當大的震撼。蓋武士時代常見的切腹，竟在文明極度發達的現代日本，由世界聞名的作家照樣實行。

切腹是一種儀式，把死儀式化。儀式與日常的行動不同，但有如喝茶之按照儀式，茶道與死是相通的，從收縮導向性的觀點來看，茶室文化與切腹文化實有共通之處。

日本武士的復仇行為，姑不論其正當與否，具有以下特點：一是原則上必須在光明正大，事先照會的情況下進行。此正反映日本武士人格的磊落。元祿末年（1701年）四十七名赤穗浪士在行動前因不敢聲張，而未曾報備，但復仇後立即通知有關部門。二是武士之復仇行為是基於「恩」「義」，因此，不僅後裔、兄弟間有報仇的義務，主公遇害時，部下更是責無旁貸的為主公報仇。此種報仇固然是為死者雪恨，更是為生存者「洗刷惡名」。這種拘泥於「義理」的武士觀，並不存在於中韓等其他國家。三是武士復仇時，往往有人挺身而出，適時助予一臂之力。這種見義勇為的行為，有如中國人所謂「赴湯蹈火」。

自鎌倉幕府以後，自殺身死的武士之中，以切腹自盡的，佔絕大多數。蓋武士面臨生死抉擇時，應從容就義，視死如歸，絕不可隨便、輕率的如同貓狗般輕於鴻毛的「犬死」（inujini）。明治維新的功臣西鄉隆盛，在西南事變失敗後，雖已中彈，卻仍從容命其屬下砍其頭部，毫不畏懼，足為當時人典範。

---

❶ 參閱林景淵《武士道與日本傳統精神》（臺北市，自立晚報社文化出版部，1990年），頁114～117。

至江戶時代，切腹的方式，從個人自殺擴大到罪犯的處決。為的是尊重武士的人格，蓋當武士決心為主公殉死，而必須處死時，最後的一瞬得由自己負責，表現其敢做敢當，視死如歸的精神。罪犯的切腹方式可分為三種，一是在自己的邸宅，二是在獄中，三是在「大名」邸中。

至於切腹，原本是出於自力的個人行為，但到了17世紀後半，改為由「介錯人」在旁砍下頭顱，以協助本人完成切腹的形式。至於罪犯的切腹儀式，則是採取公開的形式，且是在監察人員（檢使）監督下執行。

## 3.武士道的時代意義

### ⑴武士的信仰與價值觀

從理論上言，一般的主從結合，是從者（家臣）向主公奉獻，遠較主公對從者的照顧優先，亦即主從關係的想法並不平等。主從之間大抵以非契約關係的親族共同體方式維繫，這與歐洲封建社會中，以雙方契約下存在的關係不同。主從關係的前提是「恩」和「奉獻」的雙方權利義務，並非片面的要求從者無條件的忠勤奉獻。（參閱家永三郎《日本文化史》（岩波書店，1982），頁118。）

忠與孝只是德川武士的道德準則之中，許多概念裏的二種德目。武士最重視的是職務、責任、身分與榮譽。這些是從武士社會奉獻關係中衍生的德行，也是基於戰士的實際經驗而來。雖然這些德行在儒家的典籍中不居重要價值，但卻是武士賴其生，為其死的價值觀。日本武士的價值觀，與其說是具有理想的理論家，還不如說是徹頭徹尾的實行家。

中國的文士往往只能紙上談兵，而日本的武士卻能上馬殺敵。戴

季陶於《日本論》評謂:「日本人的風氣,和中國最大不同的地方,就是日本人在任何方面,都沒有中國人晉朝人清談而不負責,和六朝人軟弱頹喪的墮落毛病。連最消極的『浮世派文學藝術』當中,都含著不少殺伐氣。」

武士治國是一個完全的男性社會,這也是日本歷史發展的一個特徵。平安時代（8世紀末～12世紀）是女性表現傑出的時代,尤以文學創作為最,此一時期的文學傑作,如《紫式部日記》、《源氏物語》、《枕草子》等作品,全部出自女流作家手中。

但自鎌倉幕府時代以降,婦女文學已消失,具有代表性的文學作品,如《平家物語》、《太平記》等,都是歌頌武士驍勇善戰,為主君盡忠的故事。至此,尚武的風氣已彌漫了日本,早已不是《源氏物語》裡,沈醉在風花雪月的時代,而是處於隨時拔刀相向的戎馬倥傯的時代。

武士社會的婚姻關係,與一般農家青年大不相同,武士的婚姻屬於家族間的契約行為,也是家族綿延的手段。為了維繫家族的發展,結婚前後,對於新郎、新娘雙方,無不要求壓抑個人的意志。當女性進入武士家庭之後,幾乎喪失其在家庭以外活動的機會。

從德川幕府末期到明治以後,這種武士社會男性本位的傳統,因為武士道的世俗化而滲透到民間,一直到今天,社會仍殘存男尊女卑的傳統,因此,日本女性的就業、升遷機會顯然較之男性為少。在第二次世界大戰後,日本女性的社會地位已比戰前進步許多,但是所謂地位,僅指家庭內的地位,如與西方各國比較,日本女性的社會地位仍無法與男性相提並論。此由公司行號高級主管甚少女性,以及對外談判少見女性代表即可看出。

(2)武士道的精髓

幕府末年，下級武士逐漸抬頭，明治維新的主導權下移至下級武士。這些武士在體力或智力上，均具有良好、精純的訓練，且不隸屬於特定的地方或階級。他們很快掌握到時代脈動的核心問題，看出日本不能再自甘作一個東洋的專制國家，蓋特殊的體制只會招來西方列強的特殊待遇，即意味著不平等條約以及在國際上被特別歧視對待的恥辱。

日本人不能忍受這種恥辱，尤其是那些視尊嚴高於生命的武士們更是如此。因此他們這股生力軍投入政治之後，掀起了一股努力西化的狂潮。他們用武士道的精神，專注鑽研西學，致力改造日本。

在第二次世界大戰期間的 1943 年，日本在太平洋戰場敗象畢露，「玉碎」（gyokusai，全員犧牲）遂出現在政府公報以及新聞報導上。戰爭的後半段，日軍在中途島、硫磺島、沖繩等地的攻防戰先後失利，而被消滅殆盡。在美軍優勢的火力、兵力攻擊下戍守孤島而處於孤立無援的日本軍隊，只有投降或死路一條。日軍指揮官無不選擇同歸於盡的方法，於是時論遂以「玉碎」一詞，頌揚這些戰敗部隊為國犧牲的壯烈行為。

1944年以後，日軍組織「神風特攻隊」，試圖做最後的掙扎。抱著必死決心的飛行隊員，駕駛只載有單程油料卻配有砲彈魚雷的飛機，逕自衝擊美國軍艦。以此壯烈的戰法，只是期望能和數百年前一樣，得神風(kamikaze)之助，奇蹟式的化解元軍入侵的危機。於是就把這種飛行隊叫做「神風特攻隊」，藉此以扭轉軍事上的頹勢。

「神風特攻隊」和玉碎之間有些許不同，玉碎是群體的毀滅，而非特攻隊員般一個一個地犧牲。島上「玉碎」的指揮官被當作軍神來崇奉，隊員則被比擬為幕府末年誓死盡忠的白虎隊士和赤穗四十七義士，成為發揚武士道精髓的武士榜樣。

明知落敗卻仍視死如歸的奮戰到底，以及已注定失敗卻寧死不屈
的精神，世人批評其為一種輕賤生命逃避責任的作法。但在日本，卻
將這種作法視為知恥的崇高表現，更以武士道的精神加以頌揚。至於
這種行為是否合乎理性則是次要的問題。總之，日本人長期受這種思
想的薰陶與灌輸，當亦深植這些行為的價值觀。

新渡戶稻造認為武士道的思想淵源實來自儒、釋、神三方面。佛
教思想給予武士沈著平靜的心情，能遇難而不變，賤生而輕死，劍道
高手均需「禪定之靜」；神道提供忠君愛國的心境；儒家則賦予道德
體系。內村鑑三說：「武士道是上帝賜予日本人最大的禮物。保有了
它，則日本必興隆；一旦喪失了它，日本將會滅亡。」可見日本人對
武士道重視之一般。

⑶武士道的世俗化

武士道的世俗化導致日本工商界水準的不斷提升。日本的工廠，
僱員自願的工作著，好像根本沒有領班在監督一般，工人不會對上司
動怒，真的希望公司能有所成。日本的員工對自己的工作感到驕傲，
對公司的忠心，表現在製造產品的能力上。他們製造的東西，不僅在
價格上有競爭力，在品質上也是優良可靠。

詹遜(Chalmers Johnson)在《推動日本奇蹟的手——通產省》書中，
將「文官道」和「武士道」並列，指出「一般日本人都理所當然的期
望政府官員自動加班、工作、任勞任怨，並且常被遣送出國去，到一
些最優秀的外國學府去繼續研究、進修。大多數的政府機關內都瀰漫
著一種『為公益犧牲小我』的精神。」「許多戰前的文官實際上都是從
武士家族出身的，而他們那種奉獻、服務的精神，在武士階級被取消
後數十年，仍存在著。」

有謂武士道精神之深入民間而普通化，才能使日本以蕞爾小國，

在短短的數十年間，從一個封建的、被動的社會，經過西化的洗禮後，完全呈現另一種嶄新的面貌，躋身世界強國之林。戰前日本之擁有強大武力，發動第二次世界大戰，以及戰後之能急速的復興，其背後似隱藏著堅苦卓絕的武士道精神。

⑷責任感

潘乃德(Ruth Benedict)在其《菊花與劍》中，將文化的形態，分為罪的文化與恥的文化兩類，指出前者是西歐人的文化，後者是日本人的文化，並將日本人當作恥的文化的典型，以為日本人比較重視恥的意識，而不重視罪的意識。

其實恥的意識乃是武士階級成立之後的傳統，近代以降，復從幼兒期開始，就不斷地施予「知恥」的教育。日本話裏有「不知恥」(haji sirazu)的詞句，表示對男性的最大侮辱。古代的武士社會裏，如果以這句話侮辱對方，則必得有與其決鬥的決心。

在第二次世界大戰期間，經由雙方交換俘虜之際，日本軍人在釋回後方之後，往往有舉槍自殺或切腹者，蓋其受不了來自上級和同僚的冷漠及蔑視眼光的壓力。「知恥一點」(haji o sire)比冷嘲熱諷更令人難以承受心中的重擔。

現在的作法雖不會像自殺那樣的極端，但在日本社會裏，若公司或組織遭遇很大的困難或失敗，或部下犯下罪行，做了不知廉恥的事情，則負責人會有「切腹」以示負責的習慣。今天已無昔日真正切腹的「野蠻」行為，此處所謂的「切腹」，當指願意引咎辭職之意。知恥是日本人獨特的性格，支撐日本人縱系社會的重要因素之一就是「在上位的人，若部下有了過失，等於是自己的恥辱，要負起全部責任。身為領導者而遭失敗時，更要負責任。」依武士道的規範，身為領導人或指揮官就要切腹以示負責。在此情況下，勢須死得轟轟烈烈，以

免遭受恥辱。

　　由於長久以來受到武士道的影響，日本人在發洩情感時，往往以內斂的約制力來表現。武士道的特徵是尚武勇、重名聲，所維繫的是牢固的主從關係。贏得武勇的名聲為一個武士畢生最高的願望，為此，即使赴湯蹈火亦在所不惜。「喜怒哀樂，忍而不露」，被認為是修心養性的極致，這也是武士精神修養的德目之一。但這種強行壓抑情感的表現，有時達到極限時，難免表現出相當脆弱的一面。

# 第四節　宗教信仰

## 一、前言

　　日本人是崇拜自然和信仰心靈的民族，日本神道是最開放的宗教。神道並非排他性的宗教信仰，因此佛教傳入之後，神道仍能以「神佛習合」（合一）維持下來。

　　多數日本人對宗教是寬容的，同時與複數的宗教發生關連並不感到奇怪。與其說是日本人對宗教寬容，還不如說是多神教的神道對於來自外國的宗教寬容。

　　日本人對於宗教信仰的問題，似很複雜而矛盾，他們會說：「家裏的宗教是佛教，春秋的『彼岸』（higan，春分、秋分加上然後各三天共七天的期間，有如清明節）必去掃墓，夏天的『御盆』（obon，「盂蘭」，佛教梵語，陰曆七月十五日的祭祀，藉此解除在地獄所受倒懸之苦）會回故鄉，與家族一同作法事，結婚儀式則採神道儀式。」但

即使是神道信徒也會到基督教教堂去辦婚禮。

　　每年正月，多數的日本人會到附近的神社去「初詣」（hatsumode，到神社參拜），「初詣」的人數與年俱增，1965年約有二千五百萬人，至1975年增為六千萬人，1985年遽增為八千萬人，其人潮依序是明治神宮、神奈川縣的川崎大師、千葉的成田山、大阪的住吉大社、京都的伏見稻荷大社。此外，為了祈求交通安全與升學考試榜上有名，會到各地的神社或寺廟去取「御札」（osatsu，神符），求神保佑。

　　日本人大都自認有宗教信仰，認為信教是重要的，但大多並沒有特定的宗教信仰。日本的基督教信徒只有一百萬人左右（合基督教新教與天主教），佔總人口的1%而已，基督教在日本的傳教不算成功，蓋日本人不論神、佛或人，絕不拘於信奉唯一的存在。

　　另一方面，由於政治上的因素，日本不是天生迷信的民族。從16世紀開始，佛教勢力逐漸消失，起而代之的是從中國輸入的另一種信仰——儒教。儒教實質上是一種倫理體系，而非宗教信仰，所強調的忠孝信義，注重人際關係，並且著重教育及工作勤勉的重要性。這一切正好符合日本人講求實際的個性。今日雖很少人會自認是一個「儒教的信徒」，但儒家的價值觀念，仍深植於絕大多數日本人的思想之中。

　　日本人對特定的宗教熱心信仰的人數不多，自謂對宗教不關心者不少，其最大的理由是日本人現世的樂天的性格。在美麗的大自然中，既無外敵的侵入，亦無極端的天災地變，經過幾個世代悠閒生活的日本人，比較沒有熱衷於宗教的風氣，然而並非一生全無信仰。

　　在煩惱多的青年時期，對宗教表示關心者較多，這同時也包含祈求人生哲學的心情；壯年時期，則因忙於事業，暫時遠離宗教；及至年老，才又再度接近宗教。

日本人都具有東洋的「沒我」愛，原應更有宗教性才對，因此，並不需要具有特定形式的宗教。所謂東洋的「沒我」愛，不僅只是指人類，且也包含對於奉獻給宇宙一切的愛。

日本人的一般性宗教意識，並沒有基督教所謂人格上的唯一絕對神，但在日常生活中卻在身旁的所有事物或自然現象之中感到神秘的生命存在。

日本的神道和佛教，是形成日本歷史和文化的原動力，日本人的風土精神，便是建立在這種神佛信仰上，從他們的宗教信仰上就可以發現日本人的生活規範和思想軌跡。

探討日本人的精神構造，非得從日本人的宗教信仰著手不可。日本人除了受到儒教的影響之外，在宗教信仰上，可說是「神佛同居」，而有佛教、神道、基督教等奇妙並存的現象，有如中國的「儒、道、釋」三位一體。

日本人在宗教上講求實際性，而不為宗教理論所限制，更不為宗教的形式所束縛。日本雖有神道、佛教、基督教等，但自江戶時代以迄於今，一般人出生時依規定到佛寺登記，結婚時以神道儀式進行，死亡則依佛教儀式超渡，冀求往生極樂淨土。

依據1985年文化廳的統計，各教的信徒人數，神道九千九百七十五萬人，佛教八千五百二十一萬人，基督教徒一百二十萬人，日本的人口約有一億二千萬，可見除了基督教徒之外，信仰神道與佛教的人頗多是重疊的。至於神社，則有八萬多所，而佛教寺院，亦有七萬餘所。

在日本，依據現行憲法，宗教受到保障，因而沒有所謂國教，國家的行政均與宗教無關。國立、公立學校均禁止宗教教育。

## 二、傳統宗教神道

　　日本的原始宗教神道，是一種萬物有靈論和祭拜祖先的綜合體，一方面崇拜所有自然現象，一方面對相傳是日本皇室祖先的太陽女神「天照大神」(Amaterasuōmikami)祭拜。因其沒有一套倫理體系，亦缺乏「來世」的觀念，所以只能算是一種原始的民間信仰。從日文的「神」(kami)和「上」(kami)發音相同，即可以看出神道的原始性。

　　神道是日本固有的自然（原始）宗教，祭祀神道的神的地方就是神社。神道的神有無數，起初以自然物或自然現象為神，旋即逐漸祭祀祖先。它原是村落共同體的「神」，不僅無教典（聖經），又無傳道，更無特定的教祖，可說是一種沒有佈教概念的宗教信仰。

　　神道的起源很早，幾與日本民族的誕生同時。神道是以種稻為中心的農耕社會的成立而形成，其後雖經千餘年的演變，但基本上是對穀靈與祖靈的信仰。

　　日本神話有「八百萬」(yaoyorozu)的神，神的數目極多。神道的神是自然神，在靜寂的土地，圍植杉木，使自然和人化為一體，這是日本古代人的神道信仰。

　　一般而言，宗教通常有兩面，一是教義，一是儀式。但日本的神道幾無確定的經典，無寧只是以「祭典」(matsuri)為中心的宗教儀式體系。因此考察神道的思想，只能縝密的考察其以祭典為中心的儀式，到底包含甚麼樣的思想。

　　在6世紀佛教傳到日本之前，神道是日本唯一的宗教。佛教傳入日本時，具有與佛教對立的思想體系的神道尚未成立，但已有各種神祇祭祀的儀式，而這些思想和儀式，正是逐漸發展的民族宗教——神

道的骨幹，其後神道受佛教、儒教的影響而建立其理論體系。

　　尤其儒教傳入日本之後，古神道受其影響，而提高了道德意識，神話也帶有規範性。原來以各氏族為中心的神話，遂逐漸發展成為以皇室為中心的民族神話，被尊為皇室祖先的天照大神等，乃一變而為民族國家的守護神。

**伊勢神宮**

　　祭神道之神的建築物為神社，伊勢神宮或出雲大社乃其代表性的建築樣式。8～9世紀前後，與佛教融合，出現佛為解救眾生，變成日本神而出現。遂有置佛像於神社，或在佛寺建立鳥居（torii，建在神社入口的門稱為鳥居，見下頁圖），其獨特的形狀，在外國人的眼中映出日本式的特殊風物。

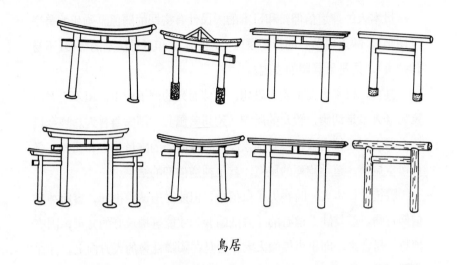

鳥居

　　與神道有關連的是，神國思想的發展。此一思想，此後得神道作為理論根據，至元軍襲日而更為加強。

　　17世紀初期，神道逐漸脫離佛教而傾向儒教思想，採取「神儒合一」的立場。但到了17世紀後半，由於「國學」的盛行，與儒教結合的神道思想受到批評，恢復古神道思想之風甚盛。及至19世紀以後，神道受到有如國教的地位，天皇也被神格化。天皇被奉為「現人神」（arahitogami，以「人」的形狀出現於此世的神），形成皇室崇拜的國家神道。但第二次世界大戰後，則與國家斷絕關係，成為各地神社各自的信仰。

　　日本人對神道的教義雖不甚關心，但大都與神社有很深的關係，在日常生活中，仍多少受到神道思想的影響。

　　民間有大量的「祭」（matsuri），和神社有密切關係。日本人的「神」容許和外來的「神」同舟共濟，如京都的祇園祭，日本的神和白樂天共祭一處，同被奉為神明。

日本人的神道信仰，和日本的國民性有密切的關係。殉死的美學（切腹），缺乏自信心的行動原理（重模倣），和意思決定的緩慢（不易作結論），便是最具體的表現。

其實，日本人為主義、思想、信仰而死的例子極少，但為主君而殉死（大多是切腹自殺）的所謂「殉死美風」，卻頗為普遍。連今日為企業主而跳樓自殺，為政治家湮滅證據而死的議員秘書和司機，仍是司空見慣，這種殉死的風氣，就是神道信仰的結果。

戰後的日本人一時喪失了自信心，但能從廢墟中復興，實與神道信仰有關。蓋其缺乏信心的「方法論」，才能選擇最好的方策，因應情勢。易言之，即事事模倣人家。於是在國際社會的大方向上，往往能選擇最好的對策，以免重蹈覆轍。

## 三、佛教

由於社會日趨複雜，神道逐漸不敷社會的需要。由中國傳入的佛教，加上其哲學意味以及輪迴觀念，適時彌補了神道之不足。夾帶著對藝術、建築、文學的影響，佛教很快成為日本文化信仰的主流。9世紀以後，它在日本的學術與政治的影響力，絕不亞於中古時代歐洲的基督教。

佛教是6世紀經過中國、朝鮮，傳到日本的外來宗教（6世紀末，高麗僧慧慈和百濟僧慧聰傳來，聖德太子的老師即是慧慈和尚）。傳入東亞的佛教屬於「大乘佛教」，日本的大乘佛教可以分為以下三大派：一是不僅重視教義，且重視修法與美術的「密教」。二是強調透過信心求得救之道的「新佛教」（淨土宗、真宗、日蓮宗等）。三是依靠自我克制、靜思以求得救的自力之教（如禪宗、曹洞宗等）。

　　在 7 世紀初，當時實際掌權的聖德太子，對佛教有很深的研究，並加以推廣，稱之為「飛鳥時代佛教」。8世紀以後，日本從天皇制轉變為貴族制，而其最明顯的表徵是佛教，蓋佛教與貴族交結頗深，因而盛極一時，卻亦因此而漸趨世俗化。

　　8 世紀奈良時代的日本有「奈良六宗」之稱（小乘的俱舍宗和成實宗，大乘的法相宗、三輪宗和華嚴宗，秘密乘的真言宗）。 這一時代的日本佛教稱之為「奈良時代佛教」。從9世紀到12世紀約四百年間是平安時代，此一時期的佛教稱之為「平安時代佛教」。 到10世紀中葉，國教的制度稍弛緩，乃有僧侶到民間傳教，而使佛教的世界觀逐漸傳播到日本人之間，這時興起淨土信仰的淨土宗。淨土信仰並非傳自中國，而是產生自日本社會，實已顯示日本轉向「國風文化」的趨向。

　　在奈良時代，已有神受佛德益增其威的思想與信仰；至平安時代初期，轉變為神藉佛法開悟而成菩薩的說法。其後神已成為佛的化身，神佛在本源上成為同體，外來的佛教遂含攝日本固有的神，而逐漸日本化，這就是所謂「神佛習合」的信仰。

　　日本的佛教有「淨土宗」、「真言宗」等兩大派，而淨土宗又分淨土真宗、臨濟宗、曹洞宗、日蓮宗、法華宗、天台宗等。日本的佛教以天台與真言兩大宗的綜合佛教為基礎，變革而成為淨土宗等，直到室町時代（14世紀到16世紀）約三百年間，是「鎌倉六宗」（淨土宗、淨土真宗、曹洞宗、臨濟宗、日蓮宗、時宗）的擴大發展時期，各宗派在地方上建立寺廟。德川幕府約三百年(1603～1867)，則稱為「近世佛教」，明治維新以後百年，稱之為「近代佛教」。

　　到15世紀，在戰亂中喪失經濟基礎的寺廟，積極地因應喪禮而普及於庶民之間。此後，祖靈之祭、祖先崇拜等儀式，遂與佛教深深結

合在一起。至此，現世的事依神道向神祈求，死後的事則依佛教而求佛陀保佑，成為神道與佛教並存的情況。

慈悲與柔和是日本人所理解佛教的基本教義。日本人參加的佛教儀式大多是以祖先崇拜為中心的神道儀式的變形。由此可見，在肯定現世的神道信仰之上，加上佛教微妙的陰影，給與日本人精神豐富的內涵。

佛教並沒有神祇，但特別強調捨棄無限的愛憎或怨恨，一般而言，都是寬容的，而排除狂信，同時貫徹人人平等的原則。

日本人的生活與佛教的關連相當密切，即使不是佛教徒，亦到廟宇參拜，喪禮以佛教儀禮舉行，死後以佛教的名稱（戒名）稱呼。日本的美術、文學、建築，甚至日本人的思想、道德等文化各方面，都受到佛教強烈的影響。

禪宗是佛教的一種。所謂禪，乃是潔淨身體而得到高層次宗教的、內在的體驗；為了潔淨心而靜坐，定下心來思考的，就叫做坐禪。

禪宗是在12至13世紀時，由中國返國的僧侶所傳。禪宗認為真理是超越語言、文字的表現，由坐禪修道始能直接自我體驗。後來，禪僧成為武士道或茶道、插花等的骨架，給予日本思想、文化、生活各方面很大的影響。

現在的日本，除了禪宗的僧侶以外，雖然已很少坐禪，以追求真理的人，但作為精神修養的方法，短期間到禪寺坐禪，卻頗為風行。

日本佛教的各宗派，不僅有宗派固有的經典，同時又有多數該宗派創設者（祖師）的教義解說書。但佛教宗派所持教理，與實際所行儀式之間，卻有極大的乖離。極端的說，日本佛教各宗派，各自有其獨自的教理，但與其實際宗教儀式，卻無甚關係。佛教各宗派，實際與大多數日本人有關，藉此以保全其經濟的、精神的成立基盤的，則

是以葬禮為中心的宗教儀式。

## 四、儒教

　　日本社會的世俗化現象，實由於儒家哲學思想的背景。中國早在9世紀以後，朝鮮半島在15世紀以後，儒教已給與同樣的影響。歐美人稱儒家思想為「孔子教」(Confucianism)，雖然孔子出生於西元前551年，但儒教之成為一個體系，實為12世紀以後的事。

　　儒教所強調的是合乎理法的自然秩序，人類被視為其調和的一環，因此尊重嚴格倫理法則的社會秩序，國家應由學識優良，倫理、智慧高超的人來統治。四書五經的文獻受尊崇，但沒有聖職者，宗教的儀禮亦少，而最具特色的，卻是沒有「神」這一觀念。雖無禮拜儀式，卻特別強調對統治者的「忠」，對父親的「孝」。

　　儒教的古典，即忠孝智仁愛五原則，並重視歷史。儒教之傳抵日本，乃在6～9世紀之間，這是中國對日本巨大影響的第一波。但儒教卻躲在佛教的背影之下，直到17世紀中央集權的德川幕府登場，儒教與政治的關連性漸被認識，始脫穎而出。此後一直到19世紀初期，儒教使日本人成為足與中韓兩國人相匹敵的「孔孟之徒」。

　　面臨19世紀的一大變革時期，舊有的儒教道德觀念已在歐美的衝擊之下逐漸衰微，但仍有不少儒教用語或概念用在新的制度上，最顯著的例子是1890年頒佈的「教育敕語」。雖然現代的日本人已非德川時代的「孔孟之徒」，但他們的價值觀或倫理觀至今仍殘留濃厚的儒家思想的色彩。在傳統的或哲學的宗教之中，沒有像儒教般給與如此大的影響。

## 五、基督教

最初在日本傳播基督教的是，1549年抵達鹿兒島的天主教會的耶穌會士沙勿略(Francisco de Xavier)。

起初日本統治階層之中，也有對西洋文物表示關心者，甚至對耶穌會天主教傳教表示好感。17世紀初年最盛期，相傳信徒多達七十五萬人，其後被認為對封建秩序有害，逐漸被壓抑、迫害。至16世紀初，外國傳教士全被驅逐出境。天主教禁教後，仍有不少人繼續其一貫的信仰。

一直到19世紀後半，與歐美建立邦交以後，日本的基督教傳教才轉趨興盛。1859年後，美國派遣新教傳教士到日本，天主教、俄國正教也開始在日本從事傳教活動。這些外國傳教士在日本從事社會事業與教育事業，對歐美文化的引進有很大的貢獻。

日本的近代文化幾乎都是歐美文化的移植，因此，歐美文化中心的基督教思考、生活方式的一部分，以及道德觀等，也被日本所吸收。現在的一夫一妻制度，就是其中的一例。

現在日本的基督教信徒，新教約有八十一萬人，天主教三十九萬人（1985年文化廳的調查）。

## 六、新興宗教

除了神道、佛教、基督教三種宗教之外，尚有在農村地帶或教育水準較低的階層，盛行呪術的民俗信仰，以及「新興宗教」的宗教集團。民俗信仰通常是神道、佛教以及中國土俗呪術的混合；新興宗教

的興起則是由於大量農村人口外流的結果，與出身地宗教團體斷絕連
繫而缺乏歸屬感人們的孤立傾向所助長。

由於第二次世界大戰後茫然若失的虛無感，以及政教分離、信教
自由的保障之下，教導「現世利益」的新興宗教乃獲得多數的信徒。
盟軍總部於1945年發佈神道指令，劃清國家與神社、神道，並制定法
人令，可依登記設宗教法人。因此戰前受到壓制的「人之道」
(hitonomichi)、創價學會以及教派神道的天理教、金光教等宗教團體，
開始活潑的宗教活動。

戰後出生的新興宗教，如雨後春筍般的興起。其中，創價學會、
立正佼成會（法華系的新興宗教）、PL(Perfect Liberty)教團（神佛習
合神道系的新宗教）與「成長之家」（大本教系的新興宗教）等，即
因應戰後社會的潮流而再興，並急遽的擴大，成長為龐大的宗教團體。
「舞蹈的宗教」的天照皇大神宮教，亦聚合了三十數萬信徒。

新興宗教大抵都具較高的折衷主義，包含神道、佛教、基督教因
素，甚至受到歐美的哲學影響，大半則是以神道為骨幹。

日本最大的新興宗教創價學會，乃是以日本佛教宗派日蓮宗及其
分派信徒為主的集團（在家組織），可追溯到1930年牧口常三郎所創
立的「創價教育學會」。牧口結合日蓮正宗的教義與本身「價值創造」
的教育理念，組織一個透過信仰成果交換意見的行動，擴大其信徒。
戰時觸犯了「治安維持法」而被彈壓，至1946年，戶田城聖重建創價
學會，在第三任會長池田大作之下，迅速擴大。創價學會是以日蓮的
《御書》為教典，加上《法華經》、《價值論》等，倡導勤行、折伏
(syakubuku，使邪惡、惡人屈服的傳教方式)，以達成信心修行。由
於其傳教積極，對中下階層的日常生活頗能發揮守望相助之效，教團
勢力得以不斷的擴充。為了擴大組織，著重文化教育事業和出版事業，

發行多種宗教性、學術性刊物。並以建立「廣宣流佈」教義，成為國家中心的「本門之戒壇」為日蓮的遺命，揭示政教一致，於1964年組織公明黨。但由於強力阻擋外界批判創價學會書籍之出版而屢遭抨擊，終於1969年宣告政教分離，專注於海外傳教與和平運動。目前參加學會的會員達一千數百餘萬人之多。

除了創價學會之外，尚有天理教、成長之家、PL教團等教徒較多。信徒上萬的奧姆真理教最近涉嫌東京地下鐵沙林毒氣事件，而受到舉世矚目，引發出日本社會對近年來新興宗教盛行及其時代背景、社會性及該教特殊性的關心。

日本目前正處於第三次宗教狂熱的時代。大都以為1973年發生的第一次石油危機造成社會不安以後，日本的宗教情況遽變。日本是經過戰後的經濟復興及經濟高度發展之後，達成經濟繁榮，使得以往對「貧窮」的煩惱已告減退。相反的，人們的心理對未來產生茫然與不安，於是產生對生活目標之喪失感，以及對社會的閉塞感，遂有尋求潛藏能力開發的欲望與興趣。

在反映此一社會心理下，「心靈時代」的來臨成為民眾的需求，超乎自然的玄奧以及超能力更受到年輕人的關注，於是新興宗教乃應運而生，原有的各派宗教活動亦隨之擴大其勢力。這些新興教團的特徵是具有強烈的神秘色彩，重視身體力行，但在教義上則強調「世界的末日」，說服信徒只要深信，即可得救。

1970年代前半的日本社會，雖是宗教活動盛行的時代，也是具有更廣泛意義的「神秘的咒術盛行」的時代。此一潮流到了1990年代，出現新的傾向，使日本新宗教活動進入第二個階段。

在後冷戰的混沌時代背景之下，強調強烈危機意識的世界末日論，以及彌塞亞（救世主）思想的宗教團體紛紛出現，而最具代表性的便

是奧姆真理教的登場。奧姆真理教封閉性的特徵，亦在日本社會成為具有濃厚宗教狂信色彩的教團。奧姆真理教的教祖麻原彰晃預言世紀末日即將來臨，宣導面臨人類最後一場戰爭的解救之道，要求教徒脫離一般社會而「出家」修行，甚至不惜自行發動一次對社會的毀滅性戰爭。

新興宗教的另一特徵是包括奧姆真理教、「幸福的科學」等新興宗教的信徒，以比較年輕一代佔多數，甚至有不少高學歷的信徒。蓋人們在現代社會雖已獲得物質上的繁榮與滿足，但在現實上仍有許多令人不滿或困擾的問題，且對科學技術與經濟的合理主義亦產生懷疑，因而年輕的一代很容易被新興宗教所吸引。

以往凡有某種理想主義或反社會傾向者，都被馬克思主義或工會運動所吸引，但近年來卻由於蘇聯的解體，共產主義遽衰，使得失去「戰場」的革新情懷有轉向新宗教的趨勢。戰後有關宗教教育被忽視，導致現代年輕人缺乏「對宗教的免疫力」，於是對將來的不安瀰漫整個社會，反映社會時代氣氛的團體或帶有神秘性宗教出現時，年輕人很可能便一見傾心。奧姆真理教正反映日本社會在經過高度經濟發展及其泡沫經濟破滅之後，人們對現實的不滿以及未來的茫然。

## 七、 特異的生死觀

日本人不懼怕死，顯然是受到佛教的影響，蓋日本人對今世看得很開，對於來世卻抱有很大的期望，因此自甘忍受現世的痛苦。現實的生活愈冷酷，受到的刺激愈大，愈無法忍受，愈對死後的世界寄以厚望。及至驟感此世已無可挽回，惟有自行了斷生命，以求來世幸福之一途。

　　日本人認為，不論任何人死後都會成佛，因此，對於死者，無論其作惡多端，亦力避加以批評，絕無鞭屍的情事發生。在日本歷史上，即使被認為是窮凶極惡，為民眾所唾棄、怨恨的人，亦有被供奉到神社祭拜（如奸臣足利尊氏、朝廷叛逆僧道鏡等）的可能，因此，靖國神社中的A級戰犯（東條英機等），亦以其既已死亡，即已脫罪而祭祀有加。這種感情，歸根究底乃是「人死後成佛」的心理因素所致，與中國人所抱持，今生來世並不會改變的看法迥然不同。蓋「死生一如」，死後仍不能免除生前的債務和責任，亦即今生所有犯的罪，不會成為來世的果報。深信死後會成佛的日本人，當不會對死者鞭屍。但中國人素持「蓋棺論定」的說法，以為人的評價要由歷史來判定，因此死後的批判是理所當然，甚至對於惡人的罪過加以彈劾。如宋朝主和派的秦檜被世人唾棄、酷評即為明證。

　　中國人似乎沒有來世觀，而專注於現世的利益，著重「留名」，因此，可說是世俗的現實主義者。中國人對生死的看法，可以孔子之教為典型，孔子說：「未能事人，焉能事鬼」或「未知生，焉知死」，強調人生須以全副精神去考量今生的意義，而不能本末倒置的去瞭解死亡。重要的是如何坦蕩無愧的活下去，而非對未來寄託夢想。中國人既有如此的覺悟，因而自殺的人極少，對於日本人所抱持「死亡是表示道歉」的想法，認為是無知，甚至以為死就是逃避責任，當無法瞭解日本人的「心中」（shinjyu，自殺）和「殉情」的行為。中國人甚少自殺，蓋生與死既無分界，當無自殺的必要，除非受到相當的刺激或陷入絕望的深淵，否則不會輕易自殺，因此對於自殺毫無醇美的憧憬；但對日本人來說，自殺這一行為本身就是一種美學。

# 第六章

# 現代日本的社會問題

## 第一節　經濟開發與社會開發

　　戰後日本的保守政治，在戰前的富國強兵之策遭遇挫折之後，放棄強兵，向富國之路邁進，雖成立自衛隊名義的軍隊，較之戰前軍費的負擔顯已減少。為了促進生產，集中於公共投資的保守政治，促成日本經濟的高度成長，高度成長使保守黨得以一黨執政。

　　經濟成長始於1955年體制❶之創立。這是以國民總生產(GNP)為尺度的經濟富國的展望之年，GNP以此年為100，至1960年增為168，成為僅次於美國、蘇俄、西德、英國、法國，與義大利相當，居世界第六、七位的國家。

　　日本復興的道路起初是崎嶇不平的，但其後的高度成長，卻展現了令人矚目的成果。積極的經濟開發，在太平洋沿岸地帶以外，亦建設了新的產業都市，全國已朝向地域開發的方向。日本的GNP每五年倍增，1970年膨脹到1955年的6.7倍。1965年的GNP，已可與英法相匹敵，居世界第四位。

---

❶　所謂五五體制，指的是1955年秋天，形成統合的自民黨與統一的社會黨的兩黨政治，推動日本高度經濟成長時代的政治體制。

　　1963年夏天，各地競相爭取新產業都市的指定，掀起地域開發的熱潮之際，日本政府（人口問題審議會）提出「有關地域開發人口問題注意事項」意見書，指出經濟成長對國民生活的扭曲，強調矯正經濟掛帥與社會開發的必要性。

　　日本的社會問題，不在義務教育的普及，而是教育的高度化與教育投資的增加，亦非社會保障制度的創設，而是充實。就經濟開發與社會開發的均衡來看，當時的日本，生產雖屬一流國家，國民所得與消費卻屬於二流國家，居住環境與生活環境卻仍停留於三流國家的水準，其間的差異甚大，顯得極不均衡。近代日本的政策取向，常是犧牲社會開發 (social development)，而集中於經濟發展，此與戰後的高度經濟成長所帶來的扭曲合為一體而日益嚴重。日本的社會開發，必須面對本來的落後與戰後經濟掛帥所衍生的種種問題。

　　究竟應如何補救因經濟開發優先主義所產生的問題，卻始終未能提出有效的辦法。1968年，日本的GNP已超過西德，成為自由主義國家中的第二位，在世界上僅次於美國、蘇俄，躍居世界第三位。

　　日本經濟發展的主要原因是，受到政府財政融資的支持。就成長最盛期的1970年，與十年前作比較，國民總生產增加3.5倍，一般會計支出約增四倍，而財政投資融資則達五倍之多。這類資金以郵政儲金與年金保險基金為主，都是屬於民眾的儲蓄，卻在公共投資名義下，造成經濟成長的基礎。經濟成長的結果，國民的消費水準提升，消費支出亦增大，設備投資從31%增加到36%。個人消費支出超過六成，與設備投資只佔二成的先進諸國相較，日本的設備投資異常的大。這是促成高度成長的主要原因之一。

　　日本的經濟開發與社會開發的不均衡，是不爭的事實。躍居GNP世界第三位的日本生活環境水準，大致而言只是歐美先進國家的三分

之二程度而已，這就是經濟大國日本的實際狀況。

生產優先主義的方向，因其成果異常，更加深累積的矛盾。生活環境設施的落後隨著生產的上升而日益顯著，生產一面倒的發展，導致自然環境的破壞。1970年的公害防治運動，乃是經濟開發優先主義付出的慘痛代價。1970年代，田中角榮首相雖曾公開聲稱如無社會福利則無成長的政策取向，但所提出的「日本列島改造論」，卻依然是經濟開發優先主義。

日本為經濟大國已是不爭的事實，但卻隱含很多問題。經濟的高度成長卻不能消除戰前所倚賴的雙重結構。不僅如此，這種雙重結構毋寧是支撐高度成長的基礎。蓋經濟優先的成長，使社會開發的設施趨於緩慢。由於經濟成長的利益，使生活環境設施在某種程度上得到改善，提高了社會保障的水準，但生產與生活的不均衡，卻依然存在。

現在的日本，經濟的獨佔性甚強，獨佔性大企業之中，居世界大企業前五十名的有六社。反之，小型企業仍多，明顯的有雙重結構的殘餘。以製造業的規模構成來看，五百人以上員工的比率，在二十年間，只從20%增加到23%，但在50人未滿的小工廠員工，則從50%減少到47%而已。在一千人以上的公司就業的大企業勞工的比率，雖有顯著的成長，卻依然止於13%而已。與美、德諸國相比，在一千人以上工作的勞工比率，不及美國的三成，德國的四成，可見日本仍然屬於中小企業國家。再就不到一百人的公司行號工作的人比率高達58%的日本，與西德的二成，美國的二成五相比，毋寧稱之為小企業國。一方有世界大企業排名的大企業，一方卻有佔相當大比重的小企業。這些小企業在嚴苛的生存競爭之中苦鬥，不啻為大企業的承包，成為大企業中心經濟成長的支柱，蓋小企業的低工資與經濟成長有關連。

## 第二節　社會保障與社會福祉

　　社會開發落後於經濟開發，在社會保障與社會福利方面亦然。社會福利具有社會保障與狹義的社會福利雙重的意義。廣義的社會保障，除了以社會保險為主的所得保障與醫療保障、社會扶助之外，包含社會福利事業與公共衛生。

　　日本在1938年即已成立國民健康年金制度，及至勞工增加，本應成立仿照公務員年金制度，對工廠勞工亦應實施老年的生活保障，但各方對此頗為消極。長期以來，退休後的生活保障委諸於企業團體經辦的退休金或若干的互助金制度，直至1942年始實施勞工年金制度。

　　在戰後的窮困之中，人們照顧自己與家族已筋疲力盡，既不能倚賴親族間的互助，亦不能仰賴近鄰的扶助。1946年，日本政府制定了生活保護法，自認接受保護救助為羞恥的意識，顯然已較戰前淡薄。法律本身已非慈善性的撫恤，而是基於生活的權利而加以保障的立場。這是意味著日本的社會保障與社會福祉之確立。

　　翌年（1947年）的社會保障制度要綱，已從慈善的意義蛻變。一年後的1948年底，設立了社會保障制度審議會，二年後實行「關於社會保障的勸告」時，其前提是以憲法第二條所有國民「有健康而營文化的、最低限度的生活權利」， 國家「須盡力增進社會福祉、社會保障以及公眾衛生的向上及增進」為依據，接著逐漸有社會福利的立法。

　　這些以法律為對象的未受到照顧的人們，都是在經濟成長中被遺棄的人，其社會發言力亦弱。基於社會福利法的立法過於遲緩，所必要的設施或工作人員的人事費用，均在經濟成長掛帥的國家財政預算

之中難獲通過。但與戰前相較，現在的社會福利事業，已是面目一新。
為社會事業主體的私人慈善事業，大致是由國家或自治體所運作，公
立設施亦有增加。最近，經濟成長的「餘惠」已逐漸轉向社會福利，
福利設施的整備亦有進步，收容人員亦不斷地增加，但在量的方面，
仍有不充分之感。

　　作為所得保障的年金，情形相同。戰時的勞工年金保險，改成為
「厚生」年金，公務員的「恩給」（onkyu，養老撫恤金）則移充「共
濟組合」（互助會）的年金，此外尚有幾項年金制度。未能享受年金
制度的人，則被編入地域年金的國民年金制度。這是根據1959年的國
民年金法，於1961年開辦，至此，日本始勉強實施全民年金制度。

　　國民對老年所得保障要求的呼聲甚弱，蓋封建式的「家」制度雖
已鬆懈，很多人仍認為全面扶養老人為當然。一般而言，急遽的充實
社會保障的要求或期待，並不切實。福利政策並未直接與選舉的票源
相關連，因此，日本政府直到最近仍然以高度經濟成長為目標，而忽
略社會福利政策。

　　長期以來與選舉無甚關連的社會福利與社會保障，在高度成長下
的產業化進展，促進社會結構變化之中，逐漸有了轉變。1972年底的
眾議院選舉，年金問題成為爭論的焦點。由於1973年度法令的修改，
年金額度大幅提高，同時引進隨物價指數調整的制度，結果，年金成
為可倚賴的、被約束的金額，大體已達到國際水準。

　　最重要的是，在經濟成長為重點的政策之中，年金預算並未在國
家財政之中確實的列入。由於臨時抱佛腳，年金制度在實際的運作並
不健全，其中甚至有瀕臨破產邊緣的主辦單位。直至1986年，始實行
制度上的全面改革，建立不問男女，將國民年金當作全國國民基礎的
新年金體系。

# 第三節　國富民窮的經濟大國

　　1991年，日本的GNP是二萬六千美金。全國人口一億二千三百萬人，而國民總生產(GNP)是三兆九千九百八十億圓，僅次於美國，為世界第二位（佔世界15%）。 1990年代初，日本總資產額超過三千兆圓，為美國的1.5倍，英、德的六倍以上。每人平均為美國的三倍，英、德的四倍左右。

　　失業率低於3.1%，1990年底，只有2.1%，較之近代經濟學所說「適正失業率」更低的「超完全僱用」，物價亦極為安定。

　　但從物價水準、住宅條件、勞動時間、餘暇利用等方面來評量，日本實為「國富民窮」的國家。易言之，日本國家富有，大多數的國民亦自認為中產階級，中流意識很強，但與歐美的中產階級相比，其生活水準實屬等而下之。蓋日本一般國民的財富和國家的財富相較，雖屬「經濟大國」， 但仍不脫「富國貧民」之域，因此被稱之為「生活小國」並非過言。

　　毋庸諱言的是，日本的國民總生產僅次於美國，居全球第二位。日本的貿易黑字與年俱增，出超額是世界第一位，對外援助金額亦是世界第一位，且為世界最大的債權國。其尖端科技超過美國，為世界有名的科技大國。產品的質與量均是世界第一流，日本商品充塞全球。從國家經濟而論，「日本第一」(Japan as No.1)實當之無愧。

　　但當日本人回到自己的家裡，則其家屋狹窄，有如「兔子小屋」。大部分的日本人，每天趕時間，連日加班，拼命勞動，如「作工螞蟻」，因此，「住宅難」、「過勞死」便成為流行的成語，而有「經濟一流，

生活末流」之譏。

製造業所顯現的工資差異，在高度成長的過程中，已有相當程度的縮小。在不滿三十人的小公司做事的工資，1960年時尚不及在五百人公司做事的一半，至五年後的1965年卻已達六成以上。但從其後的推移來看，差異卻未縮小而呈停滯狀況。不僅如此，未滿百人的小企業與零細企業，自1955年以來二十年間，其前半尚能追平工資的上升，後半則只能小幅的調漲，甚至將其比率降低。如此傾向，自1975年以降亦仍繼續存在。經濟大國日本的勞工，如今仍有一半的人，仍須忍受相當低的工資。

即使有這種問題，日本勞工的工資的確不斷地上升。現在日本的製造業勞工的工資，雖不及美國，卻超過西德，而較之英國、法國、義大利高。美國的工資在1965年當時為日本的5倍，1970年為3.6倍，其後因有日幣的升值，差距愈小。從國際上看，日本的工資的確較前提高了不少。

工資水準的上升提高了消費水準，與「中間階層」意識之增漲相關，而消費水準的提升，卻沒有與生活水準的提升直接相關。

耐久消費財的普及雖顯著，卻非經濟大國日本的住宅環境所能容納，蓋全國平均一室住0.7人，一住戶房間數4.7，在國際上雖不遜色，但每人的居住空間，只不過是九疊（四坪半）而已。如就都市而言，更是狹窄。新建住宅戶數雖連年增加，但在石油危機後，地價暴騰，個人建造家屋有愈來愈難之勢。1950年當時超過八成的房屋自有率，目前卻只佔六成而已，實足以反映其嚴重性。渴望政府興建的國民住宅，卻不及年增加需求戶數的一半，且其標準長期以來都只是2DK(二房一廳)而已。依此標準，雖可一時滿足最低的居住條件，及至小孩長大後就有房間不足的情形。當然晚年的三代同堂是不可能的。經濟

大國的日本人，現在對生活環境之中最切身的居住問題，仍處於苦難之中。

　　生活環境設施的落後乃是承繼近代日本的貧窮傳統，而日本人則習慣於此，住在都市亦不強烈要求共同消費手段的齊備。生活的重點著重於工作場地，固執「吾家」的日本人，對自己所住的地域社會環境似乎並不關心。如能確立對國家或自治體強烈的要求與生活相關的社會資本投資，則或可多少修正生產第一主義，但現實的環境卻只能將社會資本投資的大部分專注於生產關連事業，至於生活環境品質的改善與各種設施，只能在後苦苦追趕而已。

　　日本的物價極為昂貴，據 1987 年的國際經濟合作開發組織(OECD)的統計，日本的物價與先進國家相比，大體貴上1.22到1.5倍。衣服、房租、家具，醫療、交通通信等價格，均高於先進國家。就水電、瓦斯費、教育費、住宅費、伙食費等合計，比美國高出二倍。一般而言，上班族收入的七成以上，須花在上述基本生活費用上，而美國的白領階級只要其年所得的一半即可解決。以「生活地獄」比喻日本生活之苦，未免言過其實，但一般人的生活的確是捉襟見肘。

　　日本物價高的原因主要是生活必需的自給率太低。據農林水產省的統計，日本主要農產品的自給率極低，與美國相較，僅及其六分之一左右，糧食大多依靠進口，魚類和能源更是仰賴進口。人工費用太高亦為其中之一因。日本的人手不足造成人工昂貴，物品的加工與運輸費等均高，加上流通體制的複雜，更使物價高昂。

　　日本的土地價格貴的驚人。就日美的土地資產額加以比較，依1989年日本經濟企劃廳編纂的《國民經濟計算年報》統計，美國是四百一十兆美元，日本是一千六百三十八兆美元。以此推算，每一平方公尺的平均地價（土地資產額除以國土面積），美國是四十四元，日

本是四千三百三十三元，可見日本的地價比美國貴了一百倍。日本的國土面積只等於美國的二十五分之一，可居住面積等於五十五分之一，但如以地價推算，則可以購買四個美國大的國土。

　　日本被稱為「雄蜂社會」，原因乃在長時間的苛刻的勞動時間。超過六十五歲的人仍有三分之二的人繼續在工作，蓋日本福利制度並不完備，老人的儲蓄無法保證晚年悠遊舒適的生活，而非「勤勉」不可。勞動時間之長，超乎西歐先進國家甚多。日本一年總勞動時間平均是二千一百小時，法國和西德則是一千六百小時，英美則是一千九百小時，可見日本人一年的平均工作時間，超過歐美國家三到五百小時。如加上加班時間，實際上的勞動時間更超過二千五百小時，著實令人咋舌不已。

　　最近雖有「法定勞動時間」的限制，每週勞動時間由四十八小時最低基準，調整為四十六小時，且從1992年開始實施每週四十小時的勞動時間，但為實現一星期上班五天，每天的加班時間加長，實際並無改善。

　　至於結婚或生育以後的女性，則大多不再上班，蓋男女的待遇差異甚大，婦女的工資所得過少，不足以僱用人來照顧小孩。與其請人幫忙作家事，不如在家自理家務。男女職務分配與「年功序列」的不公平，使婦女的薪水、升遷，均受到不平等待遇，此與「男尊女卑」傳統社會的陋習有關。

　　日本人檢討自己生存的空間（社會），小小地主即可成千萬富翁，但東京許多家庭的空間卻沒有英國人的客廳大，房屋貸款數額巨大到必須延伸三代分期付款，始能還清。星期假日在公園或遊樂場地，到處是人山人海，物價奇高。

　　大多數日本人須耗費長時間通勤上下班，工作時間長，由於壓力，

讓上班族無法心安理得，享受應有的休假。日本人幾乎沒有自由支配時間，家庭生活成為奢望。無怪乎多數的日本人並不覺得富裕。日本的經濟成長是否反映在日本人的生活品質上，頗可懷疑。蓋其住居水準低，生活費用高，工作時間長。

　　但日本的社會以中等階層佔最大的比率。報紙、電視等，對中產階級作過心理和消費行為的調查，結果表示其共同點是希望和他人一樣，這種與人一致的觀念，表現在嗜好、日常行動甚至在娛樂之中。年輕人較成年人更易適應現行的社會潮流，很自然的，這種整齊劃一的願望，使其變得較少另關蹊徑的野心。對大都市東京、大阪的人所作生活意向的調查，大多數的人對現狀均感滿足。

# 第四節　日本社會今後的課題

## 一、高齡化社會

　　總人口之中，六十五歲以上的人口比率增加的現象稱之為高齡化。21世紀將成為高齡社會(aging society)的時代。日本的社會可說是傳統的學歷社會，成為考試競爭激烈的學歷社會。隨著世代的推移，即將出現高學歷社會，三成以上的成人為大學畢業的社會。

　　今後日本所面臨較為重大的問題是人口問題。從多生產多死亡的階段轉變到多生產少死亡的階段的近代日本，戰後實現了少生產少死亡，而躋進先進國。敗戰時七千二百萬人的人口，至1967年已超過一億，現在已達一億二千四百萬人。但除了戰後的「嬰兒出生風潮」(baby boom)的時代以後，出生率是17‰、18‰，合計特殊出生率，平均孩童數，已低於二人，純再生產率低於一人。此實表示人口朝向減少的方向。到1973年，出生率稍有上升傾向，但自1975年起，又再度低於0.15，最近已低到0.12。合計特殊生產率，已低於0.08人，已到了靜止人口的階段。

雖然如此，人口仍不斷在增加，這是人口結構上當然的道理，蓋壽命延長之故也。與戰前盛行人生五十的說法相較，平均壽命已增為男七十六歲，女八十二歲（1992年），日本成為世界第一長壽之國。但卻隱含勞力人口比率的降低與高齡人口比重增加的嚴重問題。

今後高齡人口有日益增加之勢。1994年六十五歲以上的人口有一千六百八十七萬人，佔總人口的13.5%，與歐美先進國相較稍低，與美國不相上下。據厚生省的推算，至西元2020年，日本的高齡人口在總人口中所佔比率將為25.5%，與德國同一水準。這與目前的社會主要生產年齡（十五歲到六十四歲）的人口每6.6人，即可以支持一個高齡者的情況不同，屆時可能每2.5人即需負擔一個老人。在壽命顯著延長，晚年時間長久的狀況下，高齡化問題的確有待未雨綢繆。

在此情況下，已有人倡導充實家庭基礎，期待家族給予高齡者福祉的「日本型福祉社會」論。日本的老人與兒子或親族的同堂比率雖有漸減的趨向，但目前仍保持六成五的比率。這與先進國之二成或三成相較，比率相當的高。這是對社會保障的要求所以不甚切實的原因。與兒孫同堂的晚年生活保障，今後是否得以持續維持，仍有待觀察，正如同「同居」率漸減，倚賴兒子扶養晚年的人亦有漸減趨勢。雖然扶養雙親為當然的意識雖未廢弛，但分別居住的比率當會增加。

男子六十五歲以上，女性六十歲以上，加上十八歲未滿的兒子或孫子所成立的家族稱之為高齡家族，這在1960年只佔全部的2%，現

在已超過 8%。其中十二個家族中就有一戶接受政府的老人津貼補助。這種高齡家族將來可能會再增加。

現在的日本，六十五歲以上的高齡者，較之西歐工作機會更多。這是因為只知道會工作，也是因為非有工作不能生活之故。包含這些人的勞力人口，從 1960 年的四千五百萬，增加到五千四百萬（1975年），約增加了一千萬人。反之，生產年齡人口，其間加上「嬰兒出生風潮」當年出生的人，增加一千六百萬人。

半世紀前，從十五歲到二十歲的人口之中，就學人口所佔比率，接近五成，女性亦有三成多。高中升學率為95%，進入大學（包含專科）比率，男38%，女性32%，在此現狀下，進入21世紀後，「嬰兒出生風潮」時期的世代，將被列入中高年階層，成為生產年齡人口五人之中有二人是中高年階層，這些人具有與過去不同的學歷結構。這是變化加上這些勞力需要的量與質是否能適應的問題。除此之外，又加上中高年階層之增大問題所衍生的高學歷問題，將成為日本將來重大的課題。

## 二、泡沫經濟及其衍生的問題

泡沫經濟正如泡沫一樣，瞬間即成為泡沫而幻滅。從 1985 年到1990年之間，日本的經濟處於泡沫經濟的狀況。股票市場大混亂，房地產狂跌（有價無市，無人問津），連鎖企業倒閉，證券公司不景氣，銀行存款不斷的調整。泡沫經濟帶給社會重大的問題，金融機關亦多牽連，證券商背後的政客賄賂事件，先後被揭發，甚至被檢舉。

其中以「佐川急便事件」最引人注目。事件的起因是財團股票投機失敗，所炒的股票是東急電鐵，資金來源是東京佐川急便（快遞運

輸公司）擔保。佐川急便是運輸界的天之驕子，營業規模僅次於日本通運，居全國第二位，信用卓著，銀行均樂於貸款給它。但該公司的社長卻與黑道掛勾，且與政界有力人士互通聲息。佐川的政治捐款高達數百億。包括在野黨在內的政界人士，超過一百三十人。因牽涉人數太多，一時使政界發生大動搖，而審慎處理中。

泡沫經濟崩潰以來，日本的經濟似已黯然無光，產業界回天乏術，銀行界更是無能為力。最近大和銀行在美國因不當經營而虧損數十億美元，而被停止營業。金融界的危機，迫使股票市場一落千丈，即使日本銀行下猛藥，仍無濟於事。泡沫經濟的後遺症，帶給日本經濟很大的影響。

股票市場的低迷，影響整個經濟，而銀行界和證券界已自救不暇，實無能力顧及產業界的融資，這種泡沫似可作為他山之石，以免重蹈覆轍。

## 三、軍國主義復活問題

有謂「日本的經濟制度是世界先進工業社會的寶貴模範」，日本新一代的人物對日本越來越具有信心。對此，世人頗有擔心大和民族的優越性衝動，唯恐軍國主義借屍還魂，走向黷武侵略的老路。

主張日本應重新擬定日美關係政策的新生代日本領袖，可以石原慎太郎為代表。石原原為小說家，他力主日本應拋棄「戰後拖油瓶繼子的心態」，更具信心，昂首闊步，走自己的路。此一深具國家主義色彩的言論，直率的道出日本人的心聲，激起了社會很大的回響。石原主張世界秩序之重整，日本應享有與其經濟實力相當的政治發言權。1989年，石原與新力董事長盛田昭夫合著的《可以說不的日本》，成為

暢銷書。石原不僅強調日本應走出「奴婢心態」, 甚至斷言日本將成為建立世界新歷史的主要角色。

有謂日本人這種過度的自信心,有朝一日將再度孳生軍國主義。但揆諸目前日本的種種情況,似乎是過慮。蓋年輕的日本人養尊處優,耽溺於現實生活的舒適享受,當不願冒死上沙場,而且深知和平盛世,才能既富且強。

1990年代開始,日本得意的立足於踏進21世紀,透過股市生氣蓬勃,反映出經濟強大,且決心在國際外交上一展身手,爭取聯合國安理會理事國席位。經濟大國日本,不僅在軍事方面已具有相當的實力,且亦朝向政治大國邁進,亟欲在國際舞臺上扮演重要角色。至於軍國主義是否會復活,而危害到東亞或世界的和平,則仍端視今後各方面發展的情形而定。

## 日本學叢書

| 書　　　　　　名 | 作　　者 | 出　版　狀　況 |
|---|---|---|
| 日　本　學　入　門 | 譚汝謙著 | 撰　　稿　　中 |
| 日　本　的　社　會 | 林明德著 | 已　　出　　版 |
| 日本近代文學概說 | 劉崇稜著 | 排　　印　　中 |
| 日本近代藝術史 | 施慧美著 | 排　　印　　中 |